Berliner Arbeiten zur Erziehungs- und Kulturwissenschaft
Band 48

Herausgegeben von Christoph Wulf
Freie Universität Berlin
Fachbereich Erziehungswissenschaft und
Psychologie
Redaktion: Gerald Blaschke

Oda Roznowski

Förderung persönlicher Potenziale in der Erwachsenenbildung

Eine Erfahrungsreflexion des Self-Effectiveness-Trainings (SET)

Logos Verlag, Berlin 2009

Bibliografische Information der Deutschen Nationalbibliothek

Die Deutsche Nationalbibliothek verzeichnet diese Publikation in der
Deutschen Nationalbibliografie; detaillierte bibliografische Daten sind
im Internet über http://dnb.d-nb.de abrufbar.

Umschlaggestaltung: Lothar Detges, Krefeld

ISBN: 978-3-8325-2364-0

Logos Verlag Berlin GmbH
Comeniushof, Gubener Str. 47,
10243 Berlin
Tel.: +49 030 42 85 10 90
Fax: +49 030 42 85 10 92
INTERNET: http://www.logos-verlag.de

Für Dieter Jarzombek

durch den ich das SET kennengelernt habe
und der mir die Idee in den Kopf gesetzt hat,
Erwachsenenbildung und Psychologie
zu studieren.

Inhaltsverzeichnis

1. Einleitung

In Zeiten der Wissensgesellschaft,[1] in denen Lernen, Leistung und Flexibilität den beruflichen und privaten Alltag prägen, in denen die Notwendigkeit sich fortzubilden und Optimierungsideen das Denken und Handeln leiten, wo lebenslanges Lernen[2] zu einem Schlagwort geworden ist, gibt es unzählige Fortbildungen, Seminare und Kurse auf dem Erwachsenenbildungsmarkt. Bei dieser Fülle von Veranstaltungen erscheint es sinnvoll oder erforderlich, Bildungsangebote für Erwachsene im Hinblick auf deren Paradigmen und Bildungsgedanken zu untersuchen. Für Pädagogen, die selbst in der Erwachsenenbildung tätig sind, ergibt sich daher auch die Aufgabe, Bildungsideen und professionelle Ansprüche der eigenen Angebote bzw. Programme und der eigenen Tätigkeit zu reflektieren.[3]

Darüber hinaus lässt sich fragen, inwieweit sie aktuelle Relevanz besitzen. Sind es Maxime des Arbeitsmarktes oder gesellschaftlicher Interessengruppen, die bedient werden sollen, oder ist es die Bedeutung von Erwachsenenbildung als Beitrag zur Bildungsnotwendigkeit in der Demokratie unter sich verändernden Lebens- und Arbeitsformen?[4] Für diesen Bereich pädagogischen Handelns kann es also vor dem Hintergrund der Fülle von Angeboten (Volkshochschule, berufliche und betriebliche Fort- und Weiterbildungen, Erwachsenenbildung von freien und gebundenen Trägern etc.) entscheidend sein, auch das eigene Programm zu hinterfragen.

So soll hier ein Erwachsenenbildungsangebot, das Self-Effectiveness-Training (SET), untersucht werden, welches anstrebt, persönli-

---

1 Krücken: „„Wissensgesellschaft': Wissenschaft, Technik und Bildung". In: Volkmann/Schimank 2002, S. 69-86.

2 G. Bittner schlägt statt dem Begriff „lebenslanges Lernen" den Begriff des „lebenslangen Lebens" vor. Nach ihm müsste die Grundkategorie von Erwachsenenbildung *Leben* und nicht *Lernen* heißen, da das Leben der Bezugspunkt jeder Art von *Bildung* und *Lernen* im Erwachsenenalter sei und sowohl zeitlich als auch wesensmäßig vor d e m *Lernen* rangiere. Akzeptabel ist nach Bittner der von R. Brödel (1998) vorgeschlagene Begriff des „lebensbegleitenden Lernens". Vgl. Bittner 2001, S. 230.

3 W. Gieseke hebt hervor, dass die Weiterbildung nicht zum öffentlich-rechtlichen Bildungssystem gehört und vielmehr als das Schulsystem mit wirtschaftlichen und gesellschaftlichen Interessen verflochten sei. Sie habe aber davon unabhängig durch die Bildungsnotwendigkeit und Bildungsbedürftigkeit von Erwachsenen in der heutigen Zeit auch eine generelle Bedeutung. Vgl. Gieseke: „Der Habitus von Erwachsenenbildnern". 1987. In: Combe/Helsper 1996, S. 687 ff.

4 Vgl. ebd.

ches Wachstum zu begleiten. Es soll dazu dienen, Menschen zu stärken, mit gesellschaftlichen Herausforderungen und ‚Zumutungen' umzugehen.

Gleichzeitig ist das Anliegen der vorliegenden Arbeit, die eigene berufliche Tätigkeit und berufliche Erfahrungen in diesem Training zu reflektieren. Dabei stellt sich zum einen die Frage, ob oder inwieweit eine derartige Reflexion der eigenen Berufspraxis möglich ist, und zum anderen, warum eine Reflexion sinnvoll erscheint und Teil pädagogischer Arbeit sein sollte.

In der vorliegenden Arbeit sollen diese zwei Gedankenstränge, also die Betrachtung des Programms allgemein und eine Reflexion von Erfahrungen in der Tätigkeit als TrainerIn, entwickelt werden, die im Folgenden miteinander verwoben sind.

Das Interesse an diesem Thema leitet sich aus meiner langjährigen Tätigkeit als Trainerin und Dozentin in der Erwachsenenbildung ab. Schwerpunkt der Tätigkeit ist das oben erwähnte Self-Effectiveness-Training (SET), ein zwei Jahre währendes Persönlichkeitstraining, welches Erfahrung, Persönlichkeitsentwicklung und Fortbildung miteinander verbinden möchte und beabsichtigt, insbesondere der Verbesserung der Sozial- und Selbstkompetenz zu dienen.

Mit der vorliegenden Arbeit möchte ich durch ein reflektierendes Vorgehen untersuchen und hinterfragen, wie einerseits persönliche Potenziale von Erwachsenen in einem konkreten Training, dem SET, gefördert werden – durch Lernfelder, Methoden, pädagogische bzw. zwischenmenschliche Beziehungen – und andererseits, welche fachlichen, sozialen und persönlichen Kompetenzen von Seiten der TrainerInnen hierfür vorhanden sein sollten oder wichtig sind. So könnte man mit E. Bloch sagen, dass in dieser Arbeit ein Versuch unternommen wird, „das Dunkel des gelebten Augenblicks"[5] zu erhellen – ausgehend von der Annahme, dass Reflexivität eines zeitlichen Handlungsaufschubs bedarf, wenn auch manchmal nur eines minimalen.[6] Wenn man also etwas erfährt oder erlebt, ist man selten direkt in der Lage, es zu beschreiben und in seiner Vielschichtigkeit zu verstehen.

---

5   Vgl. Bloch 1985, S. 343-368.
6   Vgl. König: „Reflexion und Handeln". In: Antons/Amann et al. 2001, S. 274.

Deshalb wähle ich die Form des Erzählens bzw. Aufschreibens und versuche, durch diesen rückblickenden narrativen Vorgang Transparenz herzustellen.[7]

Die Arbeit beginnt mit einer begrifflichen Annäherung an die Tätigkeit (Kapitel 2).

Darauf folgt die Darstellung des SET-Ansatzes, um eine Basis oder einen Ausgangspunkt für die Reflexion zu schaffen.

Hierzu wird zunächst das Konzept des Trainings dargestellt (Kapitel 3), beginnend mit einer kurzen Beschreibung des SET und der Fragestellung, was Self-Effectiveness in diesem Kontext bedeutet. In diesem Zusammenhang werden auch Ähnlichkeiten und Abgrenzungen zu anderen Ansätzen aufgezeigt, um eine fachliche Verortung zu skizzieren. Im Anschluss werden die Ziele sowie Maxime des Trainings aufgeführt und die Zielgruppen beschrieben. Um einen Überblick des Ablaufs und der Struktur des Trainings zu geben und Ansätze zur Förderung von personalen Kompetenzen zu skizzieren, wird der Trainingsaufbau kurz umrissen, dann werden die Leitungsstrukturen sowie Formen der Qualitätssicherung erörtert.

Das Kernstück der vorliegenden Arbeit stellt eine Reflexion meiner Tätigkeit und meiner Erfahrungen mit dem Self-Effectiveness-Training dar.

Ich beabsichtige am Ablauf dieser Arbeit deutlich zu machen, wie ich den Reflexionsbegriff durch die Struktur meiner Arbeit bilde. Dies geschieht auf zwei Ebenen: einerseits durch *Analysieren* und andererseits durch *Beschreiben*.

Die **erste Ebene der Reflexion** beinhaltet eine abstrahierende *Analyse* des Self-Effectiveness-Trainings durch die Herausarbeitung von vier wesentlichen Merkmalseigenschaften (Kapitel 4). Dieser Untersuchungsfokus erforscht Wirkprinzipien, die nicht alle explizit im Curriculum stehen, aber in der SET-Arbeit eine wichtige Rolle spielen und durch eine theoretische Reflexion während dieser Arbeit herausgefiltert und als wesentlich erkannt wurden.

Die **zweite Ebene der Reflexion** geschieht in Form einer Beschreibung (Kapitel 5). Dort werden die aus der *Analyse* gewonnenen Erkenntnisse (Wirkprinzipien) auf das Training bezogen und in der Betrachtung der praktischen Umsetzung des Trainings verortet.

---

7   Vgl. Neubert 1995, S.168 ff.

Dabei wird der Fokus auf zwei Aspekte gerichtet:

- Erstens auf bestimmte Lernformen im Training (Kapitel 5.1). Mit Lernformen sind verschiedene Arbeitssettings und Methoden gemeint, eher theoretische und übungsorientierte Lernformen wie das Kommunikationstraining oder eher praktische und erfahrungsorientierte Lernformen wie Körper- und Atemarbeit.

- Der zweite Fokus richtet sich auf die Wirkung durch Personen, also die Trainingsleitung, und die Wechselwirkung von Beziehung und Lernen (Kapitel 5.2). Bei diesem Fokus auf die Trainingsleitung wird speziell nach den persönlichen und beruflichen Kompetenzen gefragt, die lernfördernde Qualitäten beinhalten (Kapitel 5.2.1). Und im Hinblick auf die Teilnehmenden wird die Kompetenzerweiterung, also der persönliche Gewinn für die TeilnehmerInnen, untersucht (Kapitel 5.2.2).

Das methodische Vorgehen entspricht einer hermeneutischen Herangehensweise insofern, als die aus der theoretischen Auseinandersetzung gewonnenen Erkenntnisse auf meine Berufspraxis rückbezogen werden. Es setzt Theorie und Praxis[8] in ein sich wechselseitig befruchtendes Verhältnis, um das Verständnis des Gegenstandes in kreisförmigen Denkbewegungen zu erweitern und zu vertiefen. Man könnte hier auch von dem Versuch einer Selbstevaluation sprechen.

Bei dem beschriebenen Versuch gewann ich zunächst den Eindruck, dass es beinahe unmöglich sei, die eigene Arbeit zu reflektieren. Vieles von der eigenen Berufspraxis erscheint so vertraut und selbstverständlich, aber auch ungenau oder unklar, weil die eigene langjährige Tätigkeit zum Teil schon inkorporiert und damit ‚unaussprechlich‘ geworden ist. Der Überblick, also der Blick aus der Distanz, ist durch die tägliche Handlung wie verstellt. Die Analyse der eigenen Handlung bedeutet demnach eine besondere Herausforderung, da die aktive Tätigkeit als Trainerin und das Versprachlichen, Niederschreiben sowie das kritische Hinterfragen dieser Tätigkeit unterschiedliche Zugänge voraussetzt.

Allerdings lohnt es sich, wenn man lange in einer bestimmten Berufspraxis steht, einige Gedankenschritte zurückzutreten, um aus der

---

8 Vgl. Weniger: „Theorie und Praxis in der Erziehungswissenschaft". 1929. In: de Haan 2002, S. 155-171.

,reflektierenden Distanz' das eigene berufliche Wirken und das vertraute Berufsfeld zu betrachten, um den Blick zu weiten und – wie in Kapitel 6 beschrieben – die Professionalisierung zu gewährleisten.

So verstehe ich dieses Vorgehen als einen Prozess, bei dem die eigene Tätigkeit gedanklich nachbereitet und zukünftige Situationen und Ereignisse quasi vorbereitet werden.[9]

Im Folgenden werde ich also in einem Reflexionsprozess meine eigenen Erfahrungen mit dem SET wiedergeben. Dabei werde ich die Begriffe ,man' oder ,wir' um ,ich', ,meine' etc. ergänzen, da es sich hier nicht um eine verallgemeinernde Betrachtung handeln soll, sondern um eine selbstreflexive Studie. Ich habe diese Art des Herangehens auch deshalb gewählt, weil ich überzeugt bin, dass eine reflektierende, nachdenkliche Betrachtung der eigenen pädagogischen Tätigkeit eine Möglichkeit darstellen kann, sich persönlichem Erfahrungswissen u. a. über eine Verbindung mit wissenschaftlichen theoretischen Bezugspunkten anzunähern.

---

9 Bei der Reflexion des Erziehungsgeschehens geht es nach W. Böhm darum, die Praxis kritisch *vorzudenken* und die faktisch geschehene und geschehende Bildung und Erziehung des Menschen kritisch *nachzudenken*. Vgl. Böhm 1995, S. 150.

2.   Begriffliche Annäherung an die eigene Tätigkeit

Eingangs werden die in dieser Arbeit verwendeten Begriffe geklärt. Dies soll zum einen geschehen, um die Begriffe etwas schärfer zu zeichnen, zum anderen stellt dieses Vorgehen einen Versuch dar, meine Tätigkeit zu präzisieren.

Vieles, was sich in zwischenmenschlichen Beziehungen und in pädagogischen Situationen ereignet, lässt sich kaum benennen. Dazu sind solche Situationen zu nuancenreich, vielschichtig und komplex.[10] Trotz dieses Sachverhaltes scheint es wichtig, Erfahrungen und Situationen in Worte zu fassen. Die hier vorgenommene begriffliche Annäherung zeichnet m. E. schon einen ersten Reflexionsschritt, da ich beabsichtige, die eigene Berufstätigkeit gedanklich in eine theoretische Rahmung zu stellen. Somit wird sie in ein Verhältnis zu historischen und kulturellen Traditionen gesetzt, besonders die der Pädagogik und der Humanistischen Psychologie.

Der Titel meiner Arbeit lautet: *„Förderung oder Freisetzung persönlicher Potenziale in der Erwachsenenbildung".* Diese Begriffe sollen zunächst genauer definiert werden:

In den Begriffen *Förderung* oder *Freisetzung persönlicher Potenziale* geht es um die Bezeichnung von Fähigkeiten, die in einem Menschen schlummern und noch unentdeckt, ihm nicht bewusst sind (*Förderung*) oder um Fähigkeiten, die ihm bewusst sind, aber in seinem Leben noch nicht wirksam werden und die durch einen Lern- und Schulungsprozess, durch Anregungen und Impulse gefördert und sinnvoll für das persönliche und berufliche Leben verwendet werden (*Freisetzung*).[11]

---

10 Vgl. Neubert 1995, S. 105 u. 213.
11 Schon zu Beginn der abendländischen Kultur und der pädagogischen Tradition haben sich die Gelehrten mit dem besonderen Charakter pädagogischen Handelns beschäftigt. Fragen, „ob und wie pädagogische Führung möglich ist, die nicht (...) in Verhaltenssteuerung umschlägt. (...) Diese Frage kennzeichnet am Beginn unserer Tradition die Auseinandersetzung zwischen Sokrates und den Sophisten. Sokrates fordert pädagogische Askese, weil Lernen als *Wiedererinnerung* begriffen werden muss, als je eigene Leistung des Lernenden, die durch Lehren nicht bewirkt werden kann. Die Sophisten glauben hingegen dem Heranwachsenden durch geschickte *Methoden* jede beliebige Qualifikation beibringen zu können." Heitger 1987, S. 20 ff.

Der Begriff *persönliche Potenziale* hat seine Wurzeln in der Humanistischen Psychologie[12] mit ihrem Glauben an positive Veränderungs- und Wachstumspotenziale im Menschen.[13] *Potenziale* werden im Folgenden auch als *Fähigkeiten* und *personale Kompetenzen* sowie als *Ressourcen*[14] bezeichnet. Diese können kognitiver, kreativer, sozialer oder emotionaler Natur sein, sie beziehen sich im Kontext dieser Arbeit auf ein Vermögen, das im Menschen verankert ist und sowohl in persönlichen als auch in beruflichen Bezügen bzw. Kontexten wirksam wird. Die Perspektive auf *persönliche Potenziale* beinhaltet eine Ressourcenorientierung.[15] Diese geht davon aus, dass der Mensch die meisten Ressourcen, die er zur Lösung seiner Probleme und zu einer erfüllten Lebensführung benötigt, selbst in sich trägt.

Ich möchte anmerken, dass im Rahmen dieser Arbeit die Fragestellung, ob Fähigkeiten angeboren sind (Begabungen, Veranlagungen) und ob oder wie sie im Leben erworben werden (Kultur, Sozialisation, Schicht), nicht Gegenstand der Betrachtung sein wird. Stattdessen liegt der Fokus entsprechend dem Erkenntnisinteresse in der Fragestellung, wie vorhandene Ressourcen entdeckt, gefördert und weiterentwickelt werden können.

Im Kontext des SET und dieser Arbeit meint *Erwachsenenbildung* Persönlichkeitsbildung und Persönlichkeitsentwicklung, die ein Instrumentarium liefern soll für persönliche und berufliche Entwicklung. Das Ziel des SET in diesem Zusammenhang besteht deshalb darin, Menschen zu bestärken, mit gesellschaftlichen Herausforderungen, Anforderungen und Zumutungen kreativ und gestaltend umzugehen. *Erwachsenenbildung* meint in diesem Zusammenhang nicht den Er-

---

12 In den siebziger Jahren gab es in Amerika eine Bewegung, das Human Potential Movement, „Bewegung für das menschliche Potenzial", die neue Lebensformen und Menschenbilder entwickelte, z. T. auch als Gegenbewegung zum Behaviorismus und der Psychoanalyse. Ein zentrales Paradigma war die Möglichkeit zu persönlicher Weiterentwicklung. Durch die Lösung von emotionalen und kreativen Begrenzungen soll der Weg zur Entfaltung des menschlichen Potenzials vorbereitet werden. Im Human Potential Movement entwickelten sich viele therapeutische Richtungen wie die Gestalttherapie, die Bioenergetik, die Humanistische und die Transpersonale Psychologie. Ein Zentrum dieser Bewegung war das Esalen-Institut in Kalifornien. Bedeutende Psychologen wie Fritz Perls (1893-1971) und Abraham Maslow (1908-1976) lehrten und entwickelten ihre Arbeit dort. Vgl. Bulling 1999.
13 Vgl. Storch/Krause 2005, S. 17.
14 Bandura 1997.
15 Ähnlich: Grawe 1998; Storch/Krause 2005.

werb von spezifischem Fachwissen, wie es in Weiterbildungsmaßnahmen, Umschulungen, Volkshochschulen oder innerbetrieblichen Fortbildungen vermittelt wird.

Die Erwachsenenbildung hat insgesamt eine relativ junge Tradition. Sie ist pädagogischen Denktraditionen verpflichtet und sucht gleichzeitig nach eigenen Wegen, die das Spezifische der Situation von Lernen und Entwicklung im Erwachsenenalter berücksichtigt und benennt. Die Erwachsenenbildung geht aus von einer demokratischen Idee der Volksbildung.[16] Der Begriff *Erwachsenenbildung* bezeichnet alle geplanten pädagogischen Prozesse mit dem Ziel, es mündigen erwachsenen Menschen zu ermöglichen, ihren Wissens- und Bewusstseinsstand sowie ihre Handlungskompetenz zu erweitern.[17]

Der Fokus dieser Untersuchung liegt also auf einer speziellen Form der Erwachsenenbildung, die ich als Teilnehmerin durchlaufen habe, und in der ich, nach einem weiteren Durchlauf als Hospitantin, zur Trainerin ausgebildet wurde und nun seit vielen Jahren mitarbeite.

Im Zusammenhang mit dem häufig an die Erwachsenenbildung gerichteten Vorwurf der Unwissenschaftlichkeit bzw. primären Handlungsorientierung[18] kommt m. E. dem Begriff der *Reflexion* besondere Bedeutung zu.

Was meint in diesem Kontext: „Eine Reflexion meiner Erfahrungen mit dem Self-Effectiveness-Training (SET)"? Das Wort Reflexion kommt aus dem Lateinischen von „reflectere" und heißt zurückbeugen, -biegen, -krümmen. Mit Reflexion in der Pädagogik kann Verschiedenes gemeint sein. Das Nachdenken über die berufliche Einsozialisation, also das Studium und den Berufsbeginn,[19] oder das Verhältnis zwischen der eigenen Biografie und dem davon mit geprägten beruflichen Werdegang sowie dem davon beeinflussten individuellen pädagogischen Handeln.[20] Auch vergangene pädagogische Ereignisse und Situationen können reflektiert und kritisch überdacht werden; sie können damit noch einmal von allen Seiten beleuchtet und untersucht werden, um sie besser zu verstehen und bewusst aus ihnen

---

16   Kade/Nittel/Seitter 1999.
17   Vgl. Evangelische Erwachsenenbildung Sued (www.ekir.de/eeb-sued).
18   B. Dewe kritisiert den Mangel an „professionstheoretischer Reflexion des beruflichen Handelns". Dewe: „Das Professionswissen von Weiterbildnern: Klientenbezug – Fachbezug". In: Combe/Helsper 1996, S. 721.
19   Bastian/Helsper et al. 2000.
20   Buddrus 1995.

zu lernen.[21] Der Prozess in der *Reflexion* selbst impliziert: Erinnern, Analysieren, Strukturieren und Beschreiben. Ziel dieser *Reflexion* ist das Bestreben, aus Vergangenem zu lernen und daraus neue Erkenntnisse zu gewinnen.

Erinnert und reflektiert werden sollen auch *Erfahrungen*. Was sind *Erfahrungen?*

Die Kategorie „*Erfahrungen*", „deren Bedeutung niemand in Zweifel ziehen wird"[22], ist einerseits schwer eingrenzbar und hat andererseits eine lange philosophische und pädagogische Tradition.

> „Unter ‚Erfahrung' versteht man ein über fachlich-theoretische Kenntnisse hinausgehendes, im alltäglichen Leben gewonnenes und durch langjährige Übung herausgebildetes Wissen, das sich durch Praxisnähe und vor allem Nuancenreichtum auszeichnet."[23]

Die Erfahrung ist, nach dem Philosophen J. Locke, teils „sensation", (äußere Sinneswahrnehmungen,) teils „reflection", (innere Wahrnehmungen), die sich auf das seelische Sein beziehen.[24] Der Erfahrungsbegriff bei J. Locke impliziert also auch eine nach innen gewendete, nachdenkende Betrachtung. Der Begriff „*Erfahrungen*" soll in dieser Arbeit verstanden werden als *individuelles,* primär berufsbezogenes, in Handlungen, Interaktionen und Situationen der Tätigkeit als Trainerin gewonnenes persönliches Erfahrungsrepertoire.

Im Unterschied zu theoretischem Wissen soll *Erfahrungswissen* hier verstanden werden als individuelles Wissen, das aus der beruflichen Tätigkeit und dem Konglomerat an Lebenserfahrungen erwachsen ist.[25]

Ich schreibe über meine Erfahrungen mit dem SET-Training und über meine Erfahrungen als Trainerin.[26]

Der Begriff *Training* soll hier als eine Form ‚pädagogischen Handelns' verstanden werden, die – im Gegensatz zu reinem Sachunterricht – Lernen auch durch Üben unterstützen will. *Üben* kann beschrieben werden als Teilnehmen, Zusehen und Mitmachen.[27] Durch

---

21 Neubert 1995 und 2000.
22 Alheit/Hoerning 1989, S. 8.
23 Neubert 2000, S. 31.
24 Locke (1690) 1841, S. 51 ff.
25 Vgl. Herrmann 2002, S. 46.
26 Wie im Kontext der Fortbildung der Begriff „*Self-Effectiveness*" zu verstehen ist, wird in Kapitel 3.1 detaillierter beschrieben.
27 Vgl. Prange/Strobel-Eisele 2006, S. 51.

die eigene Handlung, das eigene Tätigwerden der TeilnehmerInnen soll eine intensivierte Form des Lernens ermöglicht werden. „Was nicht geübt wird, wird nicht gelernt. Ohne Übung kein wirkliches Können.“[28] H. Reimers spricht von Training als einer handlungsorientierten Beratung zur Problematisierung von Verhaltensweisen. Dabei meint er mit Verhaltensweisen nicht nur den motorischen Aspekt des Verhaltens, sondern auch das emotionale Erleben und das kognitive Verarbeiten.[29]

Im Mittelpunkt der Arbeit im Training steht die konstruktive Auseinandersetzung mit sich selbst und die Herausarbeitung der persönlichen Potenziale und Ressourcen der Teilnehmenden. Da diese sehr unterschiedlich sind, orientiert sich auch das ganze Training sehr stark am Bedarf der TeilnehmerInnen.

Um den Begriff „Training“ nicht zu oft zu bemühen, werde ich synonym auch von „Fortbildung“ oder „Seminar“ sprechen.

Das Trainingskonzept des SET beinhaltet u. a. ein Angebot zur Selbsterfahrung und emotional-soziale sowie kognitive und körperorientierte Trainingselemente. Es ist personenorientiert, im Gegensatz zu fachlich- oder inhaltlich-orientierten Trainings.[30] Mit dem Begriff *personenorientiert* soll verdeutlicht werden, dass sich die Inhalte und Methoden der Fortbildung an den Zielen und am Bedarf der TeilnehmerInnen, den ‚Personen‘, orientieren. Die Methoden und das Curriculum sollen Mittel zum Zweck der persönlichen Entwicklung sein.

Bei der *Personenorientierung* sollen hier zwei Perspektiven beachtet werden: Zum einen sollen individuelle Rahmenbedingungen einbezogen werden. Dabei spielen soziale, kulturelle sowie biografische Aspekte eine Rolle. Persönliche Stärken und Schwächen sollten hierbei gleichermaßen berücksichtigt werden. Andererseits werden auch gesellschaftliche Kontexte mit der Personenorientierung verknüpft.

Personenorientierten Ansätzen wird häufig der Vorwurf gemacht, sie seien eben nur das: personenorientiert. In letzter Konsequenz führten diese immer zu einer individualistischen Nabelschau, bei der soziale, politische, kulturelle oder gesellschaftliche Aspekte weitgehend ausgeblendet würden.[31] Gerade in Fragen der subjektiven Geschichte und daraus resultierender Probleme und Ressourcen ist m. E. der gegebene soziale und gesellschaftliche Kontext nach Möglichkeit mit einzu-

---

28 Ebd., S. 48.
29 Vgl. Reimers 1996, S. 12.
30 Ebd., S. 13.
31 Scheidt 1998, S. 13.

beziehen, um Menschen in ihrer individuellen Geschichte gerecht zu werden und um einerseits einem Machbarkeitsanspruch realistisch entgegen zu treten und andererseits eigene Ziele mutig anzuvisieren und das Gewünschte zu erdenken. Jeder Mensch hat andere Erfahrungen, Rahmenbedingungen und Fähigkeiten, um seine Ziele zu verwirklichen. Es sollte aus meiner Sicht Teil eines Trainings wie dem SET sein, diese Aspekte zu berücksichtigen.

3.   Darstellung des Trainings

Um den LeserInnen einen Überblick der reflektierten Tätigkeit zu ermöglichen, folgt eine kurze Darstellung der Rahmenbedingungen und Inhalte des Trainings:

Das SET ist eine Fortbildung für Erwachsene; sie wurde 1986 von D. Jarzombek[32] konzipiert und ist in erster Linie auf die Förderung persönlicher Potenziale und die Steigerung der Selbsteffizienz gerichtet.

Mit dem SET-Ansatz wurde schon früh eine ressourcenorientierte Fortbildung geschaffen.[33] Die Ressourcenorientierung resultiert aus der Fragestellung, wie persönliche Potenziale gefördert werden können. Diese Frage kann auf unterschiedliche Weise beantwortet werden. Je nach Menschenbild werden in Fortbildungen auch verschiedene Methoden und Herangehensweisen bevorzugt. Das Menschenbild des SET ist u. a. beeinflusst von der Humanistischen Psychologie (F. Perls, C. Rogers u. a.) und der Transpersonalen Psychologie (K. Wilber). Es geht aus von einem Wachstumspotenzial im Menschen und von der „Vorstellung, dass es die ganze Person ist, die sich in einem kontinuierlichen Prozess der Veränderung und des Werdens befindet"[34], und begreift den Menschen als selbstverantwortliches Wesen, das verbunden ist mit einem größeren Kontext als nur der eigenen Existenz. Transpersonale und spirituelle Dimensionen des Mensch-Seins spielen m. E. und nach diesem Verständnis für die Förderung persönlicher Potenziale eine wichtige Rolle. In Rahmen der vorliegenden Arbeit ist es mir leider nicht möglich, auf diese Bereiche und Ansätze tiefer einzugehen.[35]

Die genannten Ansätze sind auf Integration[36] ausgerichtet und zwar auf der Ebene der Person. Das heißt, das hier zugrunde gelegte Men-

---

32 D. Jarzombek ist Psychotherapeut (Gestalttherapeut und Verhaltenstherapeut), arbeitete 15 Jahre als Verhaltenstherapeut an der Universitätsklinik in Hamburg-Eppendorf, ist ehemaliger Direktor einer psychiatrisch-psychotherapeutischen Klinik und arbeitet u. a. als Berater, Coach und Supervisor.

33 Vgl. auch Titzck: „Therapie und Training". In: Strohschein/Jarzombek/Weigle 2003, S. 116 und Storch/Krause 2005, S. 16 ff.

34 Titzck, ebd., S. 114.

35 Hierzu ausführlicher: Wilber: „Wege zum Selbst". 1984; Jarzombek: „Spiritualität". In: Strohschein/Jarzombek et al. 2003, S. 47 ff.; Weigle 2006: „Transpersonale Psychologie". In: Weigle/Strohschein 2006, S. 232 ff.

36 Bei V. Buddrus wird Integration übersetzt als Wiederherstellung eines Ganzen, als Wiederherstellung einer Einheit aus Differenziertem. Vgl. Buddrus 1995, S. 11.

schenbild verfolgt eine integrierende Form der Arbeit, die kognitive, emotionale, körperliche, transpersonale und soziale Aspekte des Menschseins gleichermaßen zu berücksichtigen versucht. Von daher kommen u. a. auch systemische Elemente zur Anwendung.[37]

Im SET werden verschiedene Methoden vermittelt und angewandt. Die Methoden stammen u. a. aus der Lernpsychologie, der Humanistischen Psychologie, der Transpersonalen Psychologie und der Körperpsychotherapie. Die genannten Methoden kommen im Training aber eher in edukativer Weise zum Tragen,[38] weniger in therapeutischer Form.[39]

Wie im Einzelnen noch dargestellt wird, finden sich auch viele Parallelen zu ressourcenorientierten Ansätzen.[40] Das SET hat keine neuen Methoden entwickelt, vielmehr wurde versucht, bewährte Methoden in einer Art zu kombinieren, die einen ganzheitlichen Ansatz der Persönlichkeitsentwicklung begünstigen.

Seit über 20 Jahren beginnen jährlich neue Trainingsgruppen. Diese werden von „Calumed e.V.", einem gemeinnützigen Verein für Erwachsenenbildung, Gesundheitsförderung und interkulturelle Studien, veranstaltet und von einem Trainerteam durchgeführt (Näheres zur Teamstruktur in Kapitel 3.5).

Die TeilnehmerInnen des Trainings sind Menschen aus heterogenen sozialen und beruflichen Kontexten, die gezielt an der Umsetzung ihrer Lebensziele und ihrer Fähigkeiten und Potenziale arbeiten möchten, um die Wirksamkeit in ihren jeweiligen Lebensbezügen zu steigern.

Vor dem Beginn einer neuen Trainingsgruppe besteht für InteressentInnen neben Informationsveranstaltungen die Möglichkeit, Einzelgespräche mit SET-TrainerInnen oder SupervisorInnen zu führen.

3.1. Was ist Self-Effectiveness?

Dieses Kapitel wird sich ausführlich mit einer möglichen Verortung des Trainings in Denktraditionen und Ansätzen der Pädagogik und der

---

37 Satir 1990.
38 Vgl. Titzck: „Therapie und Training". In: Strohschein/Jarzombek/Weigle 2003.
39 Vgl. Reimers 1996, S. 11 ff.
40 Grawe 1998; Schemmel/Schaller 2003; Storch/Krause 2005.

Psychologie befassen. Es erschien mir wichtig, Fragestellungen wie: „Was ist das Selbst?", „Was könnte Selbstverwirklichung bedeuten, wie kann sie geschehen und wozu kann sie dienen?" als wichtige Aspekte der Pädagogik und meiner Tätigkeit als Trainerin zu berücksichtigen und, wenn auch nur ansatzweise, zu erforschen und zu hinterfragen – auch im Hinblick auf die Fragestellung, ob und wie persönliche Potenziale gefördert werden können.

Wenn gefragt wird, was *Self-Effectiveness* ist oder bezeichnen will, so könnte man zuerst fragen, wie das „Selbst" begrifflich zu fassen wäre. „Gemeinhin versteht man unter dem Selbst so etwas wie den zentralen Bereich der Persönlichkeit als Inbegriff dessen, was den einzelnen Menschen ausmacht."[41] H. Krämer[42] versteht das Selbst als „Ausgangslage des Verwirklichungsprozesses", als „Inbegriff aller Anlagen und Möglichkeiten" des Menschen. Das „Selbst" muss nach Krämer immer in einem Wechselverhältnis mit der „Welt" verstanden werden. Im Kontext des SET wird das „Selbst" als wesentliche, dem Menschen innewohnende Instanz gesehen, die sowohl etwas Einzigartiges ist als auch in Verbindung zur Welt und zum gesamten Weltgeschehen steht, d. h. über die Person hinausgeht (transpersonal). Der Begriff *Self-Effectiveness* kann übersetzt werden mit „Selbsteffizienz". Er soll hier nicht mechanisch als wirtschaftliche Kosten-Nutzen-Rechnung aufgefasst werden, auch wenn der Begriff Effizienz so ausgelegt werden könnte. Vielmehr ist ein Schöpfen aus den eigenen Möglichkeiten, ein kreativer Prozess der Gestaltung des eigenen Lebens und der Verwirklichung von Träumen, Ideen, Utopien und Wünschen gemeint.

Der Titel „Self-Effectiveness-Training" zielt auf die Förderung von Selbstwirksamkeit und Selbstausdruck. *Selbsteffizienz* beinhaltet auch die Bewusstmachung von zuvor unbewussten Lebensleitsätzen, die die individuellen Biografien gleichwohl nachhaltig beeinflussen und prägen können. Wenn in diesem Kontext von Selbstbewusstsein gesprochen wird, so ist folglich u. a. ein bewussterer Umgang mit den eigenen Persönlichkeitsstrukturen gemeint und in der Konsequenz ein kreatives Vorgehen bezüglich der eigenen Lebensgestaltung.

---

41 Reder 2004, S. 78.
42 Krämer 1978, S. 21-43.

3.1.1. Ressourcenperspektive versus Problemperspektive

In ressourcenorientierten Ansätzen werden die individuelle Lebensgeschichte und die hiermit verbundenen Probleme in die Arbeit einbezogen, allerdings mit der Perspektive auf etwaige Lösungsmöglichkeiten und auf Entwicklungspotenziale.

„Gezielte Ressourcenaktivierung setzt die Einnahme einer Ressourcenperspektive voraus. (...) Für das Verständnis eines Klienten ist die Einnahme einer Problemperspektive natürlich, notwendig und angemessen. Wenn man jedoch glaubt, man könne mit derselben Perspektive auch Veränderungen von Problemen konzipieren, befindet man sich auf dem Holzweg."[43]

Von diesem Ansatz ausgehend, ist es nicht der Trainer, der Änderungen herbeiführt, sondern es ist der SET-Teilnehmer, der seinen Blick auf die Situation ändert und seine Handlungsmöglichkeiten erweitert. Wenn man Grawe folgt – und das ist die Erfahrung im Training –, dann kann man sogar sagen: Es ist der Teilnehmer, der seinen Blick auf die Situation ändern muss: von der Problemperspektive hin zur Ressourcenperspektive.

Der Trainer kann diesen Prozess also nur begleiten, kann Anstöße geben und unterstützen, aber nicht ändern.[44] Mit anderen Worten kann man sagen, dass im SET Lern- und Erfahrungsräume eröffnet werden, die Ressourcen erfahrbar machen und so eine persönliche Fortentwicklung entlang der eigenen Potenziale und Wünsche begünstigen können.

3.1.2. Ähnlichkeiten zu anderen Ansätzen sowohl begrifflich als auch inhaltlich

Das SET-Training kann der Pädagogik wie der Psychologie zugehörend verortet werden:

Das individuelle Lernen und das Lernen in der Gruppe kann man dem Bereich der Pädagogik zuordnen. Dem Bereich der Psychologie kann man das SET zuordnen, weil sich dieses Lernen primär auf die Persönlichkeit und die eigene Entwicklung bezieht. Fachliche Inhalte dienen dabei der Unterstützung und Förderung dieser persönlichen Entwicklung.

---

43 Grawe 1998, S. 96.
44 Vgl. ebd.

Eine ähnliche Verbindung dieser beiden Professionen beschreibt R. Cohn. Sie nennt ihre „Themenzentrierte Interaktion" (TZI) die Bestrebung nach einer „bewusstseinserweiternden humanisierenden Pädagogik"[45]. Dabei geht es ihr um neue Lehr- und Lernformen, in denen das Individuum neben dem vermittelten Stoff auch seinen Raum bekommt. Sie beschreibt, wie sie, aus der therapeutischen Richtung der Psychoanalyse kommend, systematisch an dem Versuch gearbeitet hat, wie man „pädagogisch-therapeutische Elemente in den Unterricht und in andere Kommunikationsgruppen einbeziehen könnte"[46]. Es ist also zulässig, hier von einer Verbindung von Lehrinhalten, Gruppeninteraktion und Persönlichkeitswachstum zu reden, wie sie auch im SET angestrebt wird.

Interessanterweise konnte ich den Begriff der *Selbsteffizienz*[47] weder im pädagogischen noch im psychologischen Kontext finden. Wahrscheinlich ist dieser Begriff in erster Linie mit ökonomischen Disziplinen assoziiert – wie auch der Ressourcenbegriff. Semantische Ähnlichkeiten und Überschneidungen von Bedeutungen fanden sich aber in philosophischen, psychologischen und pädagogischen Termini wie:

Selbstverwirklichung: Dieses Kompositum taucht bei Hegel erstmalig auf. Er spricht von dem „sich verwirklichenden Geist"[48]. In den sechziger Jahren des 20. Jahrhunderts wurde der Begriff zur Lebenshaltung, zum Leitwort einer Generation, und bekam durch seine oft egozentrische Auslegung eine negative Konnotation. J. v. Scheidt schreibt hierzu:

„Dem Phänomen der *Selbstverwirklichung* haftet durch seine historische und kulturelle Prägung ein Beigeschmack der permanenten Nabelschau an."[49] „Was den Philosophen einst als sperriger Begriff aus den Büchern gesprungen ist, aalt sich heute als Modewort im Strandkorb der Beliebigkeit",

schreibt J. Reder.[50]

Der Begriff ist also nicht ganz unumstritten.

---

45 Cohn (1975) 1997, S. 7.
46 Ebd.
47 Im Sinne der Beschreibung ebd., S. 15-16.
48 Hegel 1816 zit. n. Reder 2004, S. 28.
49 Scheidt 1998, S. 119.
50 Reder 2004, S. 13.

Trotzdem, oder gerade deswegen, möchte ich einige Fragen, die mit dem Begriff *Selbstverwirklichung* verbunden sind, in aller hier notwendigen Kürze beleuchten, weil das Thema Selbstverwirklichung in Teilen der Pädagogik und der Humanistischen Psychologie von zentraler Bedeutung ist und auch für unser Thema, die Förderung von Potenzialen im SET, insofern wichtig ist, als er sich mit dem Spannungsfeld von *Bedingtheit* und der *Freiheit* von Menschen und ihrer Entwicklung beschäftigt.

J. Reder schreibt eine ganze Dissertation über den Begriff und das Phänomen der *Selbstverwirklichung*. Sie identifiziert den Begriff als einen „pädagogischen Grundbegriff". Das Thema der *Selbstverwirklichung* oszilliere, so schreibt sie weiter, zwischen den scheinbar unvereinbaren Polen von *Vorgegebenem* und *Freiheit*[51]. Und in diesem Spannungsfeld von Vorgegebenem und Freiheit siedelt sie drei unterschiedliche pädagogische Grundmodelle bzw. anthropologische Ansätze an:

> „Das ‚experimentelle Modell‘, in seiner radikalsten Version bei J. P. Sartre, betont die absolute Freiheit des Menschen, der sich selbst entwirft. (...) Das ‚substanzielle Modell‘, das auf dem Selbstverwirklichungsverständnis von A. Maslow beruht, sieht in der Natur des Menschen alles angelegt, was er zur Selbstverwirklichung braucht. (...) Das ‚dialektische Modell‘, für das die Schriften R. Guardinis als Erläuterung dienen sollen, sieht den Menschen in einer dialektischen Spannung zwischen Freiheit und Vorgegebenem. Der Mensch muss in seiner Selbstverwirklichung beide Pole integrieren und so das Paradoxon auflösen, zu dem zu werden, der er immer schon ist."[52]

Dieses von J. Reder beschriebene Paradoxon ist konstituierend für die Idee des SET.

Selbstgestaltung: Einen ähnlichen Ansatz wie das dialektische Modell beschreibt W. Böhm.[53] Dieser Ansatz ist noch mehr auf die eigenen gestalterischen Möglichkeiten des Menschen ausgerichtet als der R. Guardinis. W. Böhm schlägt aufgrund seiner verschiedenen Implikationen statt des Begriffes *Selbstverwirklichung* den Begriff der *Selbstgestaltung* vor.

> „Der Mensch ist nur da wirklich Mensch, wo er sich die Geschichte seines Lebens nicht diktieren oder gar (vor-)schreiben lässt, sondern er *selber* schreibt, freilich innerhalb der jeweils existenziell gegebenen Möglichkeiten. Der pädagogische Begriff der *Selbstgestaltung* meint also anderes als ein naturhaftes

---

51 Vgl. ebd., S. 91.
52 Ebd., S. 92.
53 Böhm 1997, S. 188.

Werden oder ein passives Gemächte, nämlich einen permanenten und grundsätzlich unbeendbaren Prozess der *Selbsttranszendenz*. Im Prozess der Bildung überschreitet der Mensch fortwährend sich selber."[54]

Selbstaktualisierung: D. Norton[55] geht noch stärker von immanenten Anteilen im Menschen aus. Für deren Entfaltung verwendet er den Begriff der *Selbstaktualisierung*. Für Norton hat der Mensch in der Bedingtheit oder Gegebenheit der Welt, die ihn umgibt, eine Freiheit zur Selbstbestimmung. Er betont in seinem Entwurf zur Selbstverwirklichung, der Mensch trage in sich Möglichkeiten und Wahrheiten und er habe die Freiheit, sich zu diesen zu bekennen und nach ihnen zu leben oder sie abzulehnen. Weiter geht er davon aus, dass Potenziale im Menschen schon angelegt sind, bevor sie ausgefaltet werden und ihnen Wirklichkeit zukommt, d. h. bevor sie ‚verwirklicht' werden. Aus diesem Grund schlägt Norton den Begriff der „Selbstaktualisierung" vor.

Ganz anders als in diesen pädagogisch-philosophischen Zusammenhängen wird in psychologischen Kontexten das Thema des ‚sich-selber-in die-Welt-Bringens' diskutiert.

Einer der Hauptprotagonisten des Begriffs der *Selbstverwirklichung,* C. Rogers,[56] geht eher von einem biologistischen Verständnis der Gegebenheit und der Vorbestimmtheit von Organismen aus – und er meint damit ‚alle Lebewesen'. Diese, sagt er, gestalten und verwirklichen sich von selber, wenn sie die optimalen Rahmenbedingungen haben. Rogers geht vom Guten im Menschen aus und will durch ein wachstumsförderndes Klima den Rahmen für positive Entwicklungen ermöglichen. Das Negative und Entwicklungshemmende entsteht nach ihm hauptsächlich durch gesellschaftliche und erzieherische Einflüsse.

Unabhängig von der Diskussion oder der Beantwortung der Frage, wie der Mensch in seinem Wesenskern ist, ob er gut ist oder nicht, bildet die Auffassung von Rogers die Grundlagen für die Arbeit im SET: Die gegenseitige Wertschätzung und Empathie sind notwendige Voraussetzungen für jedwede Veränderung.

Seit den achtziger Jahren des vorigen Jahrhunderts gibt es eine pädagogische Strömung, die unter der Sammelbezeichnung „Humanistische Pädagogik" an die Humanistische Psychologie anknüpft, aber

---

54 Ebd.
55 Norton 1976, zit. n. Reder 2004, S. 65 ff.
56 Rogers 1978.

weitere Merkmale umfasst und bewusst eine ethische Haltung einnimmt, die an humanen Werten orientiert ist:

- Freie Entscheidungsmöglichkeiten des Einzelnen,

- Wahlmöglichkeit des Einzelnen zwischen zerstörerischen oder aufbauenden Tendenzen.[57]

Weitere inhaltliche oder begriffliche Ähnlichkeiten bestehen zu psychologischen Konzepten wie dem der *Selbstwirksamkeit* (self-efficacy) von A. Bandura[58] und dem der *Ressourcenaktivierung*[59] sowie dem Ansatz der *Salutogenese*[60].

3.2. Ziele des Trainings

An dieser Stelle gehe ich auf die Ziele des Trainings ein, um herauszuarbeiten, wie sich in diesen die Umsetzung der Idee von einer Förderung oder Freisetzung persönlicher Potenziale zeigt.

Die Formulierung der Trainingsziele, wie sie im aktuellen SET-Exposé stehen, ist in einem Prozess entstanden; einer Wechselwirkung zwischen den Ideen, Einschätzungen und Konzeptionen von D. Jarzombek und dem Leitungsteam auf der einen Seite und durch den Bedarf, die Erfahrungen und Rückmeldungen der TeilnehmerInnen auf der anderen Seite. Hinzu kommt, dass sich jedes Training auch unterschiedlich gestaltet: Je nach Bedürfnissen, Wünschen und Motivationen unterscheiden sich die anvisierten Ziele der TeilnehmerInnen; auch ob diese Ziele eher im beruflichen, im familiären oder im privaten Bereich liegen. Um individuelle Übungs- und Erfahrungsmöglichkeiten zu gewährleisten, werden unterschiedliche Arbeitssettings und Methoden angewandt.

„Durch intensive Selbsterfahrungs- und Übungsprozesse werden die TeilnehmerInnen vornehmlich in ihrer Sozial- und Selbstkompetenz geschult. Dabei sind mögliche Entwicklungs- und Lernbereiche für die TeilnehmerInnen:

- sich in unterschiedlichen, ihnen zum Teil noch unbewussten Aspekten ihrer Persönlichkeit zu erfahren

- ihre Reflexions- und Introspektionsfähigkeiten zu verbessern

---

57 Vgl. Buddrus 1998, S. 34.
58 Bandura 1997.
59 Storch/Krause 2005; Schemmel/Schaller 2004; Grawe 1998.
60 Antonowski 1997.

- Wissen, Fertigkeiten und Fähigkeiten der Selbstwahrnehmung zu erweitern
- Erfolg verhinderndes und destruktives Denken, Fühlen und Handeln zu erkennen und zu verändern
- ein angemessenes und stabiles Selbstbild zu erlangen, das von Wertschätzung sich und anderen gegenüber getragen ist
- in sich verändernden Situationen flexibler, anpassungsfähiger, selbstsicherer und durchsetzungsfähiger zu reagieren
- ihre Angst- und Schamgrenzen zu erweitern
- kommunikations-, kooperations-, beziehungs-, konfliktfähiger und risikofreudiger zu werden
- die Vervollständigung der Wahrnehmung durch die Wiederentdeckung des Leibes[61]
- zu einem freieren, lebendigeren und authentischeren Selbstausdruck zu kommen
- ihre Lernfähigkeit insgesamt zu erweitern
- mehr und mehr die Verantwortung für ihre Lebensumstände, Einstellungen, Geisteshaltungen, ihre Körper und für ihr Verhalten zu übernehmen."[62]

„Letztendlich ist das SET ein hoch individueller Förderungsprozess in Form eines Gruppentrainings, in dem Menschen über zwei Jahre intensiv an sich und ihrer Persönlichkeit arbeiten hin zu einem glücklicheren, erfüllteren und sinnhaften Leben."[63]

Was ein glückliches Leben ist, was persönlicher Erfolg bedeutet und was die Zielsetzungen der TeilnehmerInnen sind, ist m. E. immer subjektiv. Und an diesen individuellen, subjektiven Vorgaben orientiert sich das Training. Die Ziele der TeilnehmerInnen sind zum Teil motiviert durch Veränderungswünsche, Umbrüche im Leben, existenzielle Fragen nach dem eigentlichen Ziel oder Sinn im Leben. Der Prozess der Veränderung und des persönlichen Wachstums ist nicht problemfrei und findet unter oft hohem persönlichen Engagement statt. Veränderungsprozesse können nach meiner Erfahrung anstrengend sein und mit Widerständen und Unsicherheit verbunden: Man weiß noch nicht, was kommt, und befindet sich teilweise in Umbruch- oder Übergangsphasen. Erkenntnisse über sich selbst sind nicht nur angenehm, sie können auch unangenehm oder schmerzvoll sein.

---

61 Vgl. Buddrus/Pallasch: „Annäherung an Integrative Pädagogik". In: Buddrus 1995, S. 24.
62 Vgl. SET-Exposé 2007.
63 Titzck: „Therapie und Training". In: Strohschein/Jarzombek/Weigle 2003, S. 118.

Die Integration von Erfahrungen und Erkenntnissen sowie die Erprobung neuer Möglichkeiten brauchen aus unserer Erfahrung ihre Zeit. Daher ist das Training auf zwei Jahre konzipiert.

Trotz aller Subjektivität der Lernziele und Unterschiedlichkeit persönlicher Fähigkeiten und Lernwege der TeilnehmerInnen hat der Ansatz des SET Werthaltungen und Maxime bzw. zentrale Vorannahmen, die in die Fortbildung einfließen.

Maxime oder Werthaltungen einer positiv verlaufenden SET-Arbeit möchte ich wie folgt zusammenfassen:

· Bewusstwerdung: Dabei tauchen Fragen auf wie: Was ist mein inneres Bild? Was ist mein Beitrag zum Leben? Welchen Beruf möchte ich ausüben, was ist meine ureigenste Berufung? Was sind meine Fähigkeiten?[64]

· „Das Hauptinteresse gilt der Entwicklung der im Menschen innewohnenden Kräfte und Fähigkeiten, also der Entdeckung seines Selbst."[65]

· Wahrnehmungs- und Bewusstseinstraining: Eine Erweiterung der sinnlichen, geistigen und Selbst-Wahrnehmung wird „als Kontinuum des Bewusstwerdens betrachtet"[66], als selbstreflektive Lernhaltung.

· Selbstwirksamkeit[67]

· Prozesshaftigkeit: Leben als Wachstums- und Entwicklungsprozess verstehen.

· Annahme des Lebens: Das heißt, sein Leben selbst in die Hand nehmen, Wagnisse eingehen, Scheitern in Kauf nehmen, selbst entscheiden, Eigenverantwortung übernehmen.[68]

· Verantwortung für das Gemeinwohl[69]

· Klare, wertschätzende, selektiv-authentische Kommunikation[70]

---

64 Vgl. Reder 2004, S. 36.
65 Pallasch 1995, S. 163.
66 Aurer 1995, S. 62.
67 Vgl. Bandura 1997.
68 Vgl. Reder 2004, S. 239.
69 Ebd., S. 241.
70 Vgl. Cohn (1975) 1997.

- Intensivierung des Gefühlserlebens

- Selbstannahme

- Probleme auch als Potenziale/Ressourcen verstehen und nutzen und nicht perfekt sein.

- Selbstbewusstsein: Damit ist ein klareres Selbstbild gemeint, sich seiner Stärken und Schwächen bewusster werden, um einen bewussteren Umgang mit den eigenen Persönlichkeitsstrukturen zu erlangen.

- Dass es Sinn macht und sinnvoll ist, sich eine Zeit lang dezidiert und konzentriert mit sich selbst zu beschäftigen.

3.3. Zielgruppen

Der Ansatz des SET ist, wie oben ausgeführt, personenorientiert und beansprucht nicht primär Fachwissen zu vermitteln. Das bedingt zugleich, dass das SET nicht auf einen Berufsbereich – z. B. nur für Lehrer oder nur für Ärzte – der Teilnehmenden festgelegt ist. Aus der Erfahrung mit diesem Training hat sich allerdings gezeigt, dass es besonders gut für Menschen geeignet ist, die in pädagogischen, beratenden oder helfenden Berufen, in leitenden Positionen oder freiberuflich tätig sind.

3.4. Trainingsaufbau

Die Darstellung des Trainingsaufbaus soll einen Einblick in die Strukturen und Inhalte der Fortbildung geben und Ausgangspunkt und Grundlage für eine genauere Analyse von übergeordneten Wirkfaktoren (Kapitel 4) sein.

Das Self-Effectiveness-Training erstreckt sich über zwei Jahre und findet an acht Wochenenden und während vier Trainingswochen statt mit insgesamt 252 Stunden. Es wird im Seminarhaus des Vereins „Calumed e.V." oder in anderen Seminarhäusern durchgeführt, je nach Gruppengröße und thematischen Anforderungen. Die Termine haben thematische Schwerpunkte und eine Dramaturgie, die sich von eher

kognitiven und emotional-sozialen Trainingselementen zu körperorientierten Inhalten und transpersonalen Aspekten aufbaut.

Die folgende Kurzdarstellung ist dem aktuellen SET-Exposé von
2007 des Vereins „Calumed" entnommen:

> „Das erste Jahr steht unter den thematischen Schwerpunkten ‚Kommuni-
> kationstraining und Stressmanagement'. (...) Mit dem Wochenendseminar
> ‚Encounter' beginnt das SET. Es folgt die Trainingseinheit (Wochenseminar)
> ‚Kommunikations- und Konfliktlösungstraining', zwei Wochenendseminare
> ‚Selbstsicherheitstraining' und die Trainingseinheit ‚Stressmanagement'. Ein
> Wochenendseminar zum Thema ‚Biografische Analyse' rundet die Inhalte des
> ersten Jahres ab und bereitet auf die zu Beginn des zweiten Jahres stattfindende
> Familienrekonstruktion vor.
>
> Das zweite Jahr steht unter dem thematischen Schwerpunkt ‚Selbstmana-
> gement' und beginnt mit zwei Wochenendseminaren ‚Familienrekonstruktion';
> darauf folgt die Trainingseinheit ‚Self-Effectiveness' (Wochenseminar), ein
> Wochenendseminar ‚Bewusstes Atmen' und die Trainingseinheit ‚Body & Mind'
> (Wochenseminar). Zum Ende des SET findet ein Wochenendseminar ‚Bilan-
> zierung und Abschluss' statt."[71]

Die Größe der Gruppen liegt zwischen 12 und 20 Personen. Die Al-
tersstruktur der TeilnehmerInnen liegt zwischen 25 und 45 Jahren, selten sind die TeilnehmerInnen jünger als 25 Jahre (empfohlen wird das
SET ab 25 Jahren), teilweise sind sie älter als 45 Jahre.

Nach der Anmeldung – also vor dem Beginn einer neuen Gruppe –
erhält jede/r TeilnehmerIn einen Lebenslauffragebogen zur eigenen
Biografie (anamnestisch, diagnostisch, Ist-Soll-Analyse, Motivations-
beschreibung, persönliche Ziele). Dieser Fragebogen dient zugleich als
Klärungshilfe sowohl für die Motivation, dieses Training zu durchlaufen, als auch um eigene Ziele – Zielwünsche – zu konkretisieren und zu
strukturieren. Jede/r TeilnehmerIn bearbeitet schon vor Trainingsbeginn diesen ausführlichen Lebenslauffragebogen und definiert darin
die ganz persönlichen Lernziele. Diese Ziele sind dann sozusagen der
gemeinsame Fokus für die TeilnehmerInnen wie die TrainerInnen. Die
Klärung, Präzisierung und Überprüfung von Zielen stellt nach K.-O.
Bauer „eine eigene Phase des Lern- und Arbeitsprozesses"[72] dar. Durch
die intensive Auseinandersetzung mit diesem detaillierten Fragebogen
beginnt das SET so schon vor dem eigentlichen Trainingsbeginn und
kann schon im Vorfeld eine intensive Auseinandersetzung mit den ei-

---

71 SET-Exposé 2007.
72 K.-O. Bauer 2005, S. 88.

genen Zielsetzungen, der eigenen Motivation, der persönlichen Entwicklung anstoßen. Auch wenn dies nicht geschehen ist, wenn die TeilnehmerInnen den Fragebogen nicht ausgefüllt haben, Probleme mit dieser Aufgabe hatten, keine Zeit oder andere Prioritäten hatten, kann mit den entstandenen Fragen oder Problemen gearbeitet werden.

Dieser Selbstklärungsprozess durch die Bearbeitung des Lebenslauffragebogens, in dem eigene Themen, Wünsche an das Training und Ziele für die eigene Entwicklung gefunden und präzisiert werden, bildet also den ersten wesentlichen Schritt des SET. Wie schon erwähnt, sind die Wünsche und Ziele der Teilnehmenden individuell und nicht von den TrainerInnen oder dem Curriculum vorgegeben. Auch ihre Definitionen von persönlichem Erfolg sind individuell. Dementsprechend vielschichtig und personenbezogen sind die Lernprozesse.

Es handelt sich um ein in hohem Maße individuelles und prozessorientiertes Training, welches nicht das Curriculum vor die persönlichen Entwicklungen stellt, sondern sich eine flexible Gestaltung der gegebenen Struktur vorbehält, die sich am Bedarf der Gruppe und der einzelnen Personen orientiert.

Der Lebenslauffragebogen dient während der zwei Jahre den TrainerInnen als Orientierungshilfe, als Teil der Arbeitsgrundlage und des Arbeitsauftrages. In Intervallen wird die Zielverwirklichung der einzelnen Personen in reflektierender und bilanzierender Form gemeinsam besprochen. Nach dem Ende der Fortbildung erhalten die TeilnehmerInnen ihre Unterlagen zurück. Zusammen mit ihren eigenen Mitschriften in Form eines Trainingstagebuchs steht ihnen auf diese Weise eine Dokumentation ihrer Entwicklung vor und während des Trainings zur Verfügung.

3.4.1. Arbeitsstruktur und Sozialformen

In den einzelnen Trainingseinheiten gibt es unterschiedlichste Arbeitsformen (Sozialformen): Plenum, Kleingruppenarbeit, Partnerarbeit (Dyaden), Einzelarbeit. Die SET-Inhalte werden auch in Form von Vorträgen, Diskussionen und praktischen Übungen vermittelt. Wesentliche Erfahrungen werden zusammengetragen, zum Teil anhand von Videoaufzeichnungen ausgewertet und aufgetretene Probleme aufgearbeitet. In zusätzlichen Kleingruppen können die TeilnehmerInnen die Erfahrungen und Ergebnisse ihrer Arbeit vertiefen und unabhängig von der Leitung ihr Wissen gegenseitig zur Anwendung bringen.

Zweiergruppen (auch Dyaden genannt) sind Übungspaare, die sich während eines Seminars oder auch danach in unterschiedlicher Zusammensetzung zur gegenseitigen Unterstützung und Förderung zusammenfinden.[73] Das Wort Dyade kommt aus dem Griechischen von „dyás", Genitiv „dyádos" = Zweiheit.

Für die Zeit zwischen den Seminaren werden Hausaufgaben und Übungen in Anlehnung an die Trainingsinhalte gegeben. Um den Überblick über die eigene Entwicklung zu behalten, zur Reflexion und zum gezielteren Aufarbeiten von persönlichen Erfahrungen wird empfohlen, ein Trainingstagebuch anzulegen.

3.5. *Leitungsstruktur und Qualitätssicherung*

Im Folgenden gehe ich kurz auf Arbeitsstrukturen und Qualitätssicherung innerhalb des Leitungsteams ein, um Rahmenbedingungen zu skizzieren, die einer Förderung oder Freisetzung persönlicher Potenziale dienlich sein können.

Das Leitungsteam, bestehend aus SupervisorInnen, TrainerInnen, AssistentInnen und HospitantInnen, umfasst insgesamt ca. zehn Personen. Es setzt sich zusammen aus Menschen, die in sozialen, therapeutischen und pädagogischen Berufen tätig sind. Sie arbeiten als Therapeuten, Berater, in beruflichen Aus- und Weiterbildungen und als Supervisoren. Die Arbeitsstruktur des SET ist auf Teamarbeit und Kooperation angelegt. Ein bis zwei TrainerInnen leiten eine Gruppe. Sie wechseln sich ab, teilen sich die Inhalte und Übungen auf und ergänzen sich in der Arbeit. Besonders Auswertungs- und Bilanzierungsrunden profitieren von einer solchen Leitungsstruktur, da sich durch unterschiedliche Perspektiven der TrainerInnen Deutungs- und Verständnishorizonte erweitern können. Die kooperative Teamarbeit ermöglicht für die TrainerInnen eine Arbeitssituation, die Phasen der Belastung, Aktivität und Handlung sowie Phasen der Entlastung, Reflexion und Beobachtung schafft.

Für die TeilnehmerInnen bietet die Vielfalt der Trainerpersönlichkeiten einen größeren Facettenreichtum an Vorbildern, Herangehens-

---

73 Vgl. Maurer 1993, S. 81.

weisen und Handlungsalternativen. Der Vorteil von Teamarbeit und Kooperation liegt nach K.-O. Bauer vor allem auf zwei Gebieten: Sie ermöglichen es,

„in Handlungssituationen voneinander zu lernen und so professioneller zu werden. Kooperation ermöglicht es zugleich, dass Experten mit unterschiedlichen Profilen einander ergänzen, so dass das Ergebnis der Partnerarbeit oder der Teamarbeit besser ist als die Summe möglicher Einzelergebnisse"[74].

Je nach Bedarf und inhaltlicher Komplexität wird das Trainerteam von einem Supervisor oder einer Supervisorin begleitet, der oder die zu dem Gruppengeschehen quasi von Außen hinzukommt und ergänzende Impulse einbringen kann. Dies kann als Supervision direkt in der Situation, also im laufenden Gruppenprozess (Livesupervision) geschehen oder zu einem späteren Zeitpunkt (Auswertung im Team). Eine Supervision während des Geschehens, also direkt in der Arbeit mit der Gruppe, kann den Vorteil haben, dass Situationen unmittelbar als Lernmöglichkeit genutzt werden können. Livesupervision ist eher ungewöhnlich in solchen Kontexten, da man eine Infragestellung der Kompetenz oder Machtposition der TrainerInnen befürchten könnte.

Aus meiner Erfahrung kann ich sagen, dass es viele Chancen mit sich bringt, vor einer Gruppe und in einer konkreten Situation lernen zu können. Zum einen entsteht mehr Transparenz der Arbeit und der dahinter liegenden Ideen – auch für die TeilnehmerInnen –, zum anderen wird ein lebendiges Lernen in Situationen möglich – und zwar für alle Beteiligten – und zum dritten verlieren Fehler ihre negative Konnotation, wenn sie als Lernchancen begriffen werden. So können auch auf Seiten der TeilnehmerInnen Ängste über eigene Unzulänglichkeiten relativiert werden, und es findet eine Umbewertung statt: Die Kategorien „falsch" oder „richtig" verändern sich zu einem „an Situationen wachsen" und „verstehen".

In jeder Trainingsgruppe sind ein bis zwei HospitantInnen, die selber das Training durchlaufen haben. Hospitanz heißt im Kontext des SET „teilnehmende Beobachtung". Ein Ziel der HospitantInnen ist es, sich in Gruppenleitung zu üben. Hospitation bietet ein Übungsfeld aus Teilnahme, Metaperspektive auf Gruppenprozesse sowie inhaltlicher und organisatorischer Mitgestaltung. Das Leitungsteam trifft sich während einer Trainingseinheit kontinuierlich zu Vor- und Nachbesprechungen der einzelnen Sequenzen. Das Team steht je nach Bedarf

---

74 K.-O. Bauer 2005, S. 55.

unter supervisorischer Begleitung und reflektiert die eigene Tätigkeit oder einzelne Situationen. Dadurch erfolgt eine fortwährende Auseinandersetzung und Bearbeitung des eigenen pädagogischen (trainerischen) Handelns und Selbstverständnisses. Supervision und berufliche sowie biografische Selbstreflexion sind nach K.-O. Bauer, Bastian/Helsper[75] u. a. wichtige Bezugspunkte zur Professionalisierung und zur Qualitätssicherung. In diesem Sinne befindet sich das Leitungsteam in einem Prozess der kontinuierlichen berufsbezogenen Selbstreflexion, Professionalisierung und Qualitätssicherung.

---

75 K.-O.Bauer 1996 und 2005; Bastian/Helsper et al. 2000.

4. Analyse von vier Merkmalseigenschaften des Trainings

Anliegen dieses Kapitels ist es zu untersuchen und zu hinterfragen, was neben dem dargestellten Curriculum ‚eigentlich‘ im SET geschieht, was wesentlich ist und was wirkt, was das Training ausmacht. Hierbei soll nicht primär nach bestimmten Methoden gefragt werden, sondern nach dem dazwischen Liegenden, nach dem, was sich ereignet durch das Zusammenspiel der anwesenden Menschen (TrainerInnen und TeilnehmerInnen), der Atmosphäre, der Inhalte und Methoden und durch Orte und Rahmenbedingungen, kurz: nach wesentlichen *Merkmalseigenschaften*.

Eine Gruppe von Menschen, die sich vorher nicht kannte oder nur teilweise kennt, kommt zusammen. In kurzer Zeit, an einem Wochenende, lernen sich die Menschen kennen. Sie lernen sich so gut kennen und fühlen sich nach diesem Wochenende manchmal so vertraut und verbunden, dass sie teilweise selber verwundert darüber sind. In Intervallen setzt sich das Training fort, und es erwachsen häufig tragfähige Beziehungen und private sowie berufliche Kooperationen daraus. Was ist geschehen? Wie kann das passieren? Dieser Frage will ich hier auf den Grund gehen.

Ich gehe von der Vermutung aus, dass ein Training mit einer hohen Dichte an Begegnungen, Interaktionen und Selbstdeutungsprozessen einige Merkmalseigenschaften hat, die einen besonderen Stellenwert im gesamten Geschehen der Fortbildung einnehmen. Vier dieser Merkmalseigenschaften habe ich exemplarisch herausgearbeitet, um sie einer genaueren Analyse zu unterziehen. Sie werden im folgenden Text auch *Wirkprinzipien* genannt, da sie m. E. eine entscheidende Wirkung auf Lernprozesse haben:

Wirkprinzip I: Beziehung und Gemeinschaft

Wirkprinzip II: Biografisches Lernen als Narration

Wirkprinzip III: Feedback als soziale Spiegelung

Wirkprinzip IV: Körperorientiertes Lernen

Diese Merkmalseigenschaften sind nicht alle explizit im Curriculum des SET verankert, sie wurden in der gedanklichen Auseinandersetzung mit dieser Arbeit konkretisiert. Deswegen wird hier von einer Analyse gesprochen.

Diese Analyse stelle ich vor die genauere Beschreibung einzelner SET-Module, da es mein Anliegen ist, die Wirkprinzipien im Kapitel 5.1 in den einzelnen SET-Modulen aufzuspüren und zu verorten.

4.1. Wirkprinzip I: Beziehung und Gemeinschaft

Die Erkenntnis, dass menschliche Beziehungen in pädagogischen Kontexten wichtig und wesentlich sind, ist nicht neu und hat viele große Vertreter der Pädagogik bewegt (Spranger, Nohl, Dilthey). Hier soll die Besonderheit oder die besondere Bedeutung von menschlichen Beziehungen und gelebter Gemeinschaft nicht allgemein, sondern im SET betrachtet werden.

Der Fokus auf Beziehungen zielt in diesem Kapitel sowohl auf die Beziehungen von TrainerIn und TeilnehmerIn sowie den TeilnehmerInnen untereinander, also auf eine Beziehungskultur und Beziehungsdynamik aller Beteiligten in dem gegebenen Rahmen. Die Beziehungskultur des SET ist zum einen in der Institution „Calumed e.V." verankert und tradiert, zum anderen wird sie je neu gestaltet durch das Leitungsteam (SupervisorInnen, TrainerInnen, AssistentInnen, HospitantInnen) und die TeilnehmerInnen. Sie wird auch beeinflusst durch kulturelle und historische Wandlungsprozesse – das SET besteht seit mehr als 20 Jahren –, durch Orte, Räume und Rahmenbedingungen. Beziehungen und Beziehungskulturen können als konstitutiv für Gemeinschaften und Gemeinschaftsbildung verstanden werden. Wie wird Gemeinschaft gebildet? Wie gelebt? Wie und wodurch wird sie praktiziert?

Eine Form des Gemeinschaftserlebens und der Erfahrung von Beziehungen wird in und durch kreisförmiges Zusammenkommen symbolisiert. Diese Form ist ein wichtiges Element in der SET-Arbeit und steht m. E. für das in diesem Training wichtigste Wirkprinzip: Beziehung und Gemeinschaft.

Deshalb beginne ich mit einer Betrachtung der Form des Kreises und der Wirkung des gemeinsam in einem Kreis-Sitzens: Der Kreis wird u. a. betrachtet als Symbol der Einheit und der Gleichheit. Wenn Menschen in einem Kreis sitzen, sind durch diese Anordnung andere Begegnungen als z. B. in einem Vortragssetting möglich. Man sitzt zusammen und redet, jeder kann jeden sehen, man teilt Erfahrungen, Gedanken, Geschichten und Lieder, man schweigt zusammen, man teilt, indem man Teil einer Gemeinschaft ist. Das kann Verbundenheit herstellen, Mut machen sich mitzuteilen, etwas von sich einzubringen. Für manche TeilnehmerInnen ist diese Sitzform zunächst ungewohnt und eröffnet somit neue Lernsituationen.

Aus meiner Erfahrung kann das Ritual des im Kreis-Sitzens eine konstruktive, gemeinschaftsbildende Wirkung haben.[76] Auch Konflikte und Verhandlungen können leichter ‚am runden Tisch‘ oder in einer Runde erörtert werden. Gemeinschaften werden erzeugt durch ritualisierte Formen, Gebräuche und Handlungen.[77] „Um ein Ereignis zu einer gemeinschaftlichen Performance zu machen, bedarf es einer entsprechenden Rahmung. Zu dieser gehört neben den ‚Akteuren‘ ein zeitlicher und räumlicher Kontext.“[78] Der Kreis, als Form des Zusammenkommens, ist so eine gemeinschaftliche Performance in einem räumlichen Kontext. „Mit dem Begriff des Performativen wird der Aufführungscharakter rituellen, sozialen und erzieherischen Handelns betont.“[79] Auch wenn die Arbeit im Kreis, in Auswertungsrunden, im Singen, im Schweigen, *eine* mögliche Form ist – es gibt noch viele andere Arbeitssettings –, symbolisiert sie eine besondere Qualität von Erwachsenenbildung. Sie kann gleichwertige Begegnungen ermöglichen und Verbundenheit erzeugen.

Welche Bedeutung kann *Gemeinschaft,* so verstanden, für unsere Zeit haben? Was macht Gemeinschaften und konstruktive, verlässliche Beziehungen in unserer Zeit so besonders oder so wichtig?
Je ausdifferenzierter unsere Gesellschaft wird, je komplexer, vielfältiger und individueller mögliche Lebensentwürfe werden, umso schwie-

---

76 „Die soziale Architektur eines Sitzkreises ohne Tische und mit leerer Mitte ist nur dann notwendig und gerechtfertigt, wenn diese Mitte als Ort für ein Publikum generierendes Ereignis frei gehalten wird. Wenn also die Mitte die Strukturstelle eines immateriell Allgemeinen bedeutet, um dessentwillen man sich versammelt hat und das für alle Anwesenden gleich vorbildlich ist. (...) Deshalb ist es die Architektur des Sitzkreises, die von allen sozialen Architekturen am ehesten die Gleichheit der Anwesenden sichert, da sie sich im gleichen Abstand um eine unbesetzte leere Mitte gruppieren.“ Amann: „Der Stuhlkreis“. In: Antons/Amann et al. 2001, S. 61. – Vgl. auch Röhricht 2000, S. 90, in Kapitel 6.2.1 „Der Kreis als Ein-und Ausgangspunkt der Gruppe“.
77 Vgl. Wulf 2004, S. 7.
78 Ebd., S. 340.
79 Ebd., S. 239.

riger stellt es sich für viele Menschen dar, ihr eigenes Leben zu planen und in tragfähigen Beziehungsnetzwerken zu leben. Eine Folge dieser Entwicklung kann Vereinzelung, Orientierungslosigkeit und das Gefühl von Sinnlosigkeit sein.

Individualisierung im privaten und gesellschaftlichen Bereich und Diskontinuität im Arbeitsleben stellen eine große Herausforderung an den Einzelnen dar, eigene Gestaltungsformen des Miteinanders und des Vernetzens zu entwickeln.[80] Hierzu braucht es das Vermögen, verlässliche, langfristige Beziehungen und Kooperationen in privaten und beruflichen Kontexten aufzubauen und aufrecht zu erhalten. Außerdem braucht es andere Menschen, die ähnliche Fragen, Interessen und Anliegen haben und bereit sind, gemeinsame Wege zu gehen.[81]

Gelebte, tragfähige Beziehungen stellen also einen wichtigen Gegenpol zu den teils unüberschaubaren Möglichkeiten postmoderner Gesellschaftsstrukturen dar.[82]

Gelingende Beziehungen und ein explizites Übungsfeld für den erfolgreicheren Umgang – „erfolgreich" ist in diesem Zusammenhang und in der weiteren Arbeit nicht normativ, sondern subjektiv gemeint – mit sich und mit anderen Menschen sind für viele TeilnehmerInnen eine wesentliche Triebfeder für die Teilnahme am SET. Verbindliche Beziehungen bilden gewissermaßen die Basis aller weiteren Entwicklungen im SET. Denn ohne tragfähige Beziehungen ist ein bedeutsames und persönlich wagnisvolles Lernen kaum möglich. „Das menschliche Subjekt lernt und reift immer nur in Beziehungen und nicht isoliert."[83] In einem Training mit expliziten gruppendynamischen Settings „als Methode zur Bearbeitung sozialer Prozesse"[84] sind soziale Beziehungen und Beziehungsdynamiken Gegenstand und Hauptthema des Geschehens und können bewusst erforscht und bearbeitet werden.

---

80 Vgl. Beck 1986.
81 B. Strohschein betont die Bedeutung von Gemeinschaft für Entwicklung, Austausch und Wachstum. Menschen brauchen Gemeinschaften von Gleichgesinnten, um ihre Ziele umzusetzen und zu verwirklichen und um schöpferisch zum Wohlergehen anderer Menschen tätig zu werden. Eine Gemeinschaft kann Rückhalt geben, Geborgenheit, Vertrauen und die „Möglichkeit zur Selbstkorrektur". Strohschein: „Homo sapiens – Homo socialis". In Strohschein/Jarzombek/Weigle 2003, S. 127.
82 Vgl. Beck/Beck-Gernsheim 1993.
83 Strohschein: „Homo sapiens – Homo socialis". In Strohschein/Jarzombek/Weigle 2003, S. 37.
84 Amann: „Gruppendynamik als reflexive Vergemeinschaftung". In: Antons/Amann et al. 2001, S. 28.

Im pädagogischen Kontext werden bedeutungsvolle zwischen-menschliche Beziehungen von LehrerInnen und SchülerInnen eben-falls als wichtiger Bezugspunkt für fachliche und soziale Lernprozesse verstanden.[85]

Im Folgenden will ich versuchen, mein Verständnis von Beziehun-gen im SET zu präzisieren. Dies soll geschehen durch eine kritische Auseinandersetzung mit der Definition, die H. Giesecke für pädagogi-sche Beziehungen vorschlägt. *Beziehungen* möchte ich hier weiter ge-fasst definieren als Giesecke in seinem Buch „Die pädagogische Beziehung"[86]. Er untersucht die Definitionen von pädagogischer Bezie-hung als „Kernstück des beruflichen Selbstverständnisses" in ihrem kulturell-historischen Werdegang anhand einer Auswahl von bedeu-tenden Pädagogen, die sowohl theoretisch als auch praktisch tätig wa-ren und teilweise sehr verschiedene Definitionen vom Kind hatten und damit von dem, was eine pädagogische Beziehung zu leisten habe.

In seinem Fazit plädiert Giesecke für den Begriff der „pädagogi-schen professionellen Beziehung", die er unterscheidet von der pä-dagogischen Beziehung in Familien (Eltern – Kind).[87] Für ihn sind die professionellen Aspekte der Beziehung z. B. bezahlte Tätigkeit, fachli-che Kompetenz, schulische Rechtsvorschriften, im Auftrag von Dritten handeln/arbeiten, begrenzter Einfluss. Anders als in Familien müsse der Pädagoge (Lehrer) zu unterschiedlichen Individuen Beziehungen eingehen, die einerseits professionell gleichartig seien, andererseits aber auch der jeweiligen Individualität Rechnung trügen.[88] Für ihn sind „Nüchternheit und Sachlichkeit, die zeitliche und fachliche Begrenzt-heit, die Trennung von Arbeitszeit und Freizeit" konstitutiv für päd-agogisches Berufsverständnis.[89]

H. Giesecke sagt:

„Von einem Berufspädagogen muss man etwas lernen können, was man im normalen Leben nicht lernen könnte, und man muss von und mit ihm lernen können. Der Pädagoge muss etwas können, und er muss es möglichst gut beibringen können. Nur in Hinblick auf diese professionelle Kompetenz, nicht auf den Pädagogen als Person, kann das Kind Vertrauen entwickeln."[90]

85 Vgl. Stüttgen 1975, S. 14.
86 Giesecke 1997.
87 Ebd., S. 248.
88 Vgl. ebd., S. 229.
89 Ebd., S. 247. - Zum Begriff des Begehrens als Teil der pädagogischen Beziehungen: Althans 2007, S. 16 ff.
90 Ebd., S. 261.

Dem ersten Teil des Zitates kann ich in diesem Zusammenhang zustimmen, da ein inhaltsspezifischer Erfahrungs- und Wissensvorsprung sowie didaktische Fähigkeiten Grundbausteine einer jeden Lehr-/Lernsituation sind. Dem letzten Teil: „nur in Hinblick auf diese professionelle Kompetenz, nicht auf den Pädagogen als Person, kann das Kind Vertrauen entwickeln"[91] möchte ich ein anderes Zitat entgegensetzen, welches die Bedeutung des Pädagogen als einer an sich arbeitenden Person hervorhebt und damit auch der Beziehung von Kind und ErzieherIn eine andere Bedeutung beimisst:

„Er muß ein Mensch sein, der sich selber bildet, der sich seinem eigenen Wesen immer mehr annähert. Dann kann er schon durch sein eigenes gelebtes Leben bildend (...) wirken. Es ist deswegen in erster Linie die Person des Erziehers, die bildet. Die Person ist das Vor-bild."[92]

Dieses Zitat impliziert ein pädagogisches Verständnis, das den menschlichen Aspekt von Lernen hervorhebt, dass sich also Lernen in einem dialektischen Beziehungsgefüge ereignet und nur der Mensch bildend wirken kann, der an seiner Selbstbildung arbeitet. Der Blick auf den Menschen, formuliert J. Reder in Anschluss an R. Guardini, solle „von Vorsicht und großem Respekt vor der Einzigartigkeit jedes menschlichen Wesens geleitet sein. Der Bildende soll zunächst ein Staunender sein und sich mit Einfühlungsvermögen und Gespür erkennend annähern"[93].

„Wie aber kann ein Erzieher ein Gespür für das Bild seines Zögling erwerben? Dafür gibt es keine Ausbildung, kein Rezept. Die Voraussetzung dafür, Gespür für andere entwickeln zu können ist, dass der Erzieher vorher Gespür für sich selber entwickelt hat."[94]

Dieses Bildungsverständnis, welches J. Reder von R. Guardini ableitet, versteht Erziehung als Hilfe zur Selbstbildung. Die Hilfe zur Selbstbildung umfasst laut J. Reder drei Aspekte: Der Erzieher als Entdecker, der Erzieher als Vorbild, das Angenommensein durch den Erzieher.[95]

Auch wenn in einer Fortbildung für Erwachsene mit anderen Gewichtungen und Begrifflichkeiten als im schulischen Kontext gearbeitet wird, sehe ich im Grundverständnis von pädagogischen Beziehungen Ähnlichkeiten zu den Ausführungen von J. Reder.

---

91 Ebd.
92 Reder 2004, S. 221.
93 Vgl. ebd.
94 Ebd.
95 Vgl. ebd., S. 222.

In Gegensatz zu den Ausführungen von H. Giesecke kann man also sagen, dass Beziehungen im SET durchaus auch persönlich und nicht ausschließlich sachlich sind.

Persönlich, weil sich die Anwesenden als Menschen begegnen und nicht primär in einer Funktion oder als Träger einer Rolle. Diese Aspekte wirken auch, aber nicht ausschließlich. Neben ihren berufsspezifischen und alltagsbedingten Rollen ergeben sich aus speziellen Rahmenbedingungen auch andere Begegnungs- und Interaktionsmöglichkeiten.

Diese Sichtweise widerspricht m. E. nicht einem professionellen Verständnis des Begriffs der pädagogischen Beziehung, ich halte aber eine erweiterte Bedeutung als H. Giesecke für sinnvoll. Wenn Menschen sich entwickeln wollen, neue Wege für sich erforschen wollen, sind sie auf andere Menschen angewiesen, auf Erfahrungsaustausch, Gespräche, Beratung und Vorbilder. Vorbilder können hier auch andere TeilnehmerInnen oder GruppenleiterInnen sein. Dabei ist eine über Nüchternheit und Sachlichkeit hinausgehende Form der Begegnung wesentlich, in der auch Emotionalität, Vertrauen und ein ‚familiäres‘ Miteinander zugelassen sind. Erst in dichten, authentischen Begegnungen ist ein nachhaltiges Arbeiten und Lernen möglich. Deswegen nenne ich mein erweitertes Verständnis von pädagogischer Beziehung (weiter als H. Giesecke, s.o.) lieber ‚zwischenmenschliche Beziehung‘, da dies weniger planbar und technisch klingt. Der Begriff ‚zwischenmenschliche Beziehungen‘ unterstreicht das Gemeinsame, das Wechselseitige von pädagogischen Situationen. Das gemeinsame Wachsen und an sich Arbeiten ist auch ein Teil der pädagogischen Tätigkeit der TrainerInnen, da auch sie sich in einem fortwährenden Prozess der Entwicklung befinden und an Situationen und Begegnungen wachsen können.

Auch wenn ich H. Giesecke zustimme, wenn er sagt, dass die pädagogische Beziehung sich nur in einem vorgegebenen Rahmen individuell artikulieren kann,[96] halte ich sowohl den gegebenen Rahmen des SET (Zeitumfang, Ort, Personen) als auch das anvisierte Ziel für grundsätzlich verschieden von schulischen Kontexten. Der gegebene Rahmen im SET ist m. E. insofern dichter, als man eine ganze Woche oder ein Wochenende gemeinsam in einem Seminarhaus verbringt und miteinander an persönlichen Themen arbeitet.

---

96 Vgl. ebd., S. 250.

Nicht nur inhaltlich, auch formal unterscheidet sich das SET als Fortbildung für Erwachsene vom Ausgangspunkt, den H. Giesecke definiert.

Anders als in den meisten Schulklassen ist die Gruppengröße im SET eher überschaubar (12-20 TeilnehmerInnen) und der Personalschlüssel hoch (1-2 TrainerInnen, HospitantInnen, punktuell 1 SupervisorIn). Weiterhin geht es im SET nicht um das Verhältnis von Erwachsenen zu Kindern oder Jugendlichen, sondern von Erwachsenen zu Erwachsenen. Auch wenn der Kontext des Trainings eine zeitliche und inhaltliche Begrenzung von Beziehungen darstellt – wie ihn auch H. Giesecke als konstitutiv für die pädagogische Beziehung beschreibt –, sind die darin entstehenden Begegnungen oft dicht, intensiv und persönlich.

Auch die Beziehungen der TeilnehmerInnen untereinander sind ein tragendes Element im SET, da die geteilten Erfahrungen und der gemeinsame Weg starke Verbundenheit und Freundschaften fördern können. Hierbei kommt auch der fördernden Wirkung von Gruppen große Bedeutung zu (dazu Näheres in Kapitel 5.1.1). Die TeilnehmerInnen unterstützen sich auch in Übungsgruppen zwischen den Trainingseinheiten und stehen oft in einem regen Kontakt zueinander.

4.2. Wirkprinzip II: Biografisches Lernen als Narration

„Wie kannst du das Gelernte, Erfahrene in deinen Alltag integrieren?" ist eine Frage, mit der wir häufig in Form einer Auswertungsdyade einen Seminarblock beenden. In der Dyaden-Arbeit (s.o.) wird der Antwortende nicht kommentiert oder zensiert, sondern sein Gegenüber hört in einer empathischen Haltung zu. So kann der Antwortende seine persönlichen Erfahrungen – in Beziehung zum Anderen – versprachlichen. Der Zuhörer kann durch seine Anwesenheit und seine Haltung dem Antwortenden helfen, an Verstandesinhalte zu kommen, die ihm so im Alltag teilweise nicht zugänglich sind. Die Differenz von bewussten und unbewussten Persönlichkeitsanteilen kann dadurch bearbeitet und das Selbstbild erweitert und aktualisiert werden. So ergibt sich die Möglichkeit einer neuen Sicht auf sich selbst und das Rekonstruieren der eigenen Erfahrungen. Erfahrungen, die verbunden oder verknüpft sind mit dem eigenen Leben und der eigenen Geschichte.

Durch die intensive Bearbeitung von neuen, im Training gewonnenen oder durch das Training erinnerten Erfahrungen wird auch gleichzeitig das Vergangene, also die Biografie mit bearbeitet. Das Erzählen und das Deuten des eigenen Lebens sind integrale Bestandteile jeder Biografie, in einem gestalteten Seminarsetting aber stellen sich solche Auseinandersetzungen in verdichteter Form dar.

„Es ist eine soziale Tatsache, dass *Lebenserfahrungen* eine Biografie prägen. Erfahrungen, die für die Biografie bedeutend sind und zu biografischen *Wissensbeständen* werden, strukturieren den (weiteren) Verlauf der Lebensgeschichte. Je nach Anlass und Situation werden diese biografischen Wissensbestände wiederbelebt und überarbeitet und als Unterstützung und/oder Behinderung in aktuelle Handlungssituationen (...) einbezogen."[97]

Lebenserfahrungen und daraus gewonnenes biografisches Wissen stellen innerhalb einer Biografie die Verbindung zwischen Vergangenheit und Zukunft her. Sie sind aber auch Ressourcen, die zukünftige Handlungen beeinflussen und individuell für die Ausgestaltung zukünftiger biografischer Projekte verwendet werden können.[98] Die Reflexion der eigenen Stärken und Schwächen in unterschiedlichen Lebensbereichen ist in einem personenorientierten Training in konzentrierter Form möglich. Mit der Fragestellung in der Dyade ist gleichzeitig zu biografischen Aspekten ein Transfer angesprochen. Der Begriff *Transfer* bezeichnet die Übertragung dessen, was in einem Training erfahren und gelernt wurde, auf berufliche oder private Alltagssituationen.[99] Indem gefragt wird, wie die Erfahrungen in den Alltag integriert werden können, kann ein Vorausdenken beginnen, das Erfahrungen mit der Zukunft verknüpft und mögliche Handlungen praktisch erdenkt oder vorausdenkt.

Im SET stehen, wie erwähnt, personenorientierte Lernprozesse im Mittelpunkt der Arbeit. Was macht diese Arbeit mit narrativen, also nacherzählenden, biografischen Aspekten für die einzelnen TeilnehmerInnen interessant? Ich führe hierfür u. a. die Balance zwischen dem einzelnen Teilnehmer, dem Thema und der Gruppe und dem Rahmen (engl. ‚globe') an.[100]

---

97 Hoerning: „Erfahrungen als biographische Ressource". In: Alheit/Hoerning 1989, S. 148.
98 Vgl. ebd.
99 Vgl. Storch/Krause 2005, S. 19.
100 Vgl. Cohn 1997, S. 111 ff; Neubert 1995, S. 190 ff.

4.2.1. Die Lebensgeschichten der TeilnehmerInnen

Ein Fokus der Arbeit sind *selbstdeutungsorientierte* Lernprozesse. Die TeilnehmerInnen können in unterschiedlichen Übungen, Auswertungen und Reflexionsprozessen eigene Erlebnisse oder Erfahrungen bearbeiten. Dabei spielt das Erzählen der Biografie, der eigenen Lebensgeschichte eine entscheidende Rolle. Diese zu erzählen, zu deuten und mit dem Blick auf die daraus erwachsenen Fähigkeiten und Potenziale die Biografie aus einer anderen Perspektive zu betrachten und vielleicht neu zu verstehen. Aus einer erweiterten Perspektive kann ein Mensch Erfahrungen, die als schmerzhaft erlebt wurden, als Ressource umdeuten und verstehen. Dadurch kann die eigene Biografie eine andere Sinnhaftigkeit bekommen.

„Das gelebte individuelle Leben kann sich als sinnvoller Zusammenhang nur in Gestalt einer Geschichte artikulieren."[101] Denn „allein im Erzählen vergewissert sich die Erfahrung und gewinnt eine reflexive Qualität"[102]. „Die Lebensgeschichte stellt in der gesellschaftlichen Moderne ein wesentliches Medium dar, in dem sich Erfahrungen herstellen und persönliche Identität entfaltet."[103]

4.2.2. Die Lebensgeschichten und verschiedene thematische Zugänge

Ein zweiter Fokus, eine zweite Möglichkeit die eigene Geschichte zu beleuchten, besteht in den verschiedenen *thematischen* Zugängen. Beispielhaft sollen hier einige genannt werden: Konfliktlösungstraining, Stressmanagement, Familienrekonstruktion, Biografische Analyse. Die Vielfalt an Zugängen zur eigenen Lebensgeschichte, die im SET teilweise durch theoretische Rahmungen ergänzt wird, spannt einen Fächer an Deutungs- und Verstehensmöglichkeiten auf.

Der Spannungsbogen zwischen Individuum und Thema kann bereichernd auf diese Prozesse wirken, da er die Selbstreflexion in Bezug zu einer Sache setzt und den Blickwinkel der TeilnehmerInnen erweitern kann.[104]

---

101 Schulze: „Pädagogische Dimensionen in der Biographieforschung". In: Hoerning 1991, S. 135.
102 Neubert 1995, S. 112.
103 Brödel: „Lebenslanges Lernen im Spannungsfeld von Bildungsgeschichte, Politik und Erziehungswissenschaft". In: Kade/Nittel/Seitter 2003, S. 129.
104 Vgl. Cohn 1997, S. 111 ff.

4.2.3. Lebensgeschichte im Kontext der Gruppe

Ein dritter Fokus ist die lebensgeschichtliche Arbeit im Kontext der *Gruppe*. Durch das biografische Erzählen hören die TeilnehmerInnen andere Lebensgeschichten und erfahren andere Deutungs- und Bewältigungsmöglichkeiten. Zu diesen können sie sich in ein Verhältnis setzen, sich inspirieren lassen und Anteil nehmen. Die lebensgeschichtliche Arbeit in der Gruppe eröffnet also eine Vielfalt an Anregungen und Lernmöglichkeiten. Das Training wird so auch zu einer ‚Erzählgemeinschaft‘, und man erfährt immer wieder neue Geschichten. Dabei ist „die Gruppe persönlich beteiligt, wenn einer der Teilnehmer von sich selbst spricht, sie nimmt sein heftiges Herzklopfen, sein schweres Atmen, seine Tränen und seine Freude als wichtig auf"[105].

Zusammenfassend kann man sagen, dass Biografie und erfahrungsorientierte Erwachsenenbildung durch reflexive, narrative Zugänge unbewusste Kompetenzen verdeutlichen können. Kontextgebundene, indirekt erworbene Kompetenzen, die oft Bestandteil von Handlungsroutinen sind, ermöglichen in Gruppensituationen, durch rekonstruktive Reflexionsprozesse von Lebensgeschichten oder der Analyse biografischer Momente zu einer Bilanzierung der Fähigkeiten zu gelangen.

„Die biografietheoretisch reflektierte Erziehungswissenschaft lehrt uns (…), dass lebensgeschichtliches Lernen eine unabdingbare Dimension lebenslangen Lernens darstellt. (…) Die hierzu notwendige Bilanzierung von in der Vergangenheit erworbenen Erfahrungen und Kompetenzen setzt eine selbstreflektive Bearbeitung der eigenen Lern- und Berufsbiografie voraus, um zukünftige Potenziale ebenso wie Schwächen erkennen zu können."[106]

4.3.   Wirkprinzip III: Feedback als soziale Spiegelung

Menschliche Kommunikation kann als permanenter Austausch von Informationen kognitiver, emotionaler und körperlicher Art bezeichnet werden. Die Worte, der Tonfall, die Körpersprache sind ein ständiges Wechselspiel, sind gleichzeitig eigene Aktion und Reaktion auf andere Menschen. Diese Reaktionen von anderen Menschen sind per-

---

105 Ebd., S. 112.
106 Brödel: „Lebenslanges Lernen im Spannungsfeld von Bildungsgeschichte, Politik und Erziehungswissenschaft". In: Kade/Nittel/Seitter 2003, S. 130.

manent laufende Feedbackprozesse; Antworten auf das, was andere Menschen tun und was ich daraus interpretiere. P. Watzlawik übersetzt das englische „Feedback" mit dem deutschen Wort „Rückkopplung" und sagt,

> „dass zwischenmenschliche Systeme – also Gruppen, Ehepaare, Familien (...) oder selbst internationale Beziehungen usw. – als Rückkopplungskreise verstanden werden können, da in ihnen das Verhalten jedes einzelnen Individuums das Verhalten jeder anderen Person bedingt und seinerseits von dem Verhalten aller anderen bedingt wird"[107].

Rückkopplungsprozesse sind somit entscheidende Merkmale im menschlichen Miteinander. Sie sind alltäglich, oft unbewusst, und tragen einen wichtigen Anteil zur Persönlichkeitsbildung bei, da sie einen Bezug herstellen zwischen der eigenen Wahrnehmung von sich (Selbstwahrnehmung) und der Wahrnehmung, die andere Menschen von einem haben (Fremdwahrnehmung). Der Mensch bildet sich also in seinem Verhältnis zur Welt, er kann entsprechend als ‚halboffenes System' verstanden werden, das sich in einer kontinuierlichen Wechselwirkung mit seiner Umwelt und anderen Menschen befindet. Hören und Verstehen, Sprechen und Ausdruck, verbale, paraverbale und nonverbale Anteile bilden die Bestandteile komplexer Informationen. Die Kommunikationsforschung nennt diese komplexen Informationen „Nachrichtenbündel"[108]. Wie werden diese vielschichtigen Informationen, die selbstverständlich Teil unseres Alltags sind, von den Empfängern entschlüsselt? Die Entschlüsselung (Dekodierung) findet immer subjektiv statt, Informationen werden auf unterschiedliche Art wahrgenommen und interpretiert. Die Grundlagen der Informationsentschlüsselung liegen in der kulturellen Prägung, den Vorerfahrungen, den persönlichen Wahrnehmungsgewohnheiten etc. Die Faszination der Differenz zwischen dem Gemeinten und dem Verstandenen hat die Disziplin der „pragmatischen Kommunikationsforschung" hervorgebracht.[109] Die Interaktion von Menschen ist – nach der pragmatischen Kommunikationstheorie – ein zirkulärer Prozess, der jedes menschliche Verhalten als Reaktion auf ein vorheriges Verhalten versteht. Nach

---

107 Watzlawik (1969) 2000, S. 32.
108 Schulz von Thun 1997.
109 Watzlawik (1969) 2000; Schulz von Thun 1997. – Ausführlicher zu Pragmatismus und Kommunikation auch in: Althans 2007, S. 143-154.

diesem Verständnis kann jede Verhaltensform nur in ihrem zwischenmenschlichen Kontext verstanden werden.[110]

Feedbackprozesse finden auf vielen Ebenen statt, auf verbaler und nonverbaler, auf impliziter und expliziter Ebene. Wir können festhalten, dass Systeme mit Rückkopplung zirkulär funktionieren (nicht linear) und sich durch hohe Komplexität auszeichnen.[111] Die Komplexität von Rückkopplungsprozessen zwischenmenschlicher Kommunikation und die schnelle und meist unbewusste Integration des Feedback in die konkrete Handlung bewirkt, dass wir nur Fragmente von uns und von anderen wahrnehmen, begreifen oder verstehen können.

Umso lohnender ist es, sich Zeit zu nehmen und das soziale Feld sowie die Vielseitigkeit einer Gruppe und ihre facettenreiche Wahrnehmung zu nutzen, um explizites Feedback zu geben und zu bekommen, um so ein ‚erweitertes‘ Bild von sich und anderen Menschen zu erhalten. In der Seminararbeit im SET wird daher Feedback explizit und bewusst geübt und gefördert mit dem Ziel, das Bild der Menschen von sich zu vervollständigen bzw. die ‚blinden Flecken‘ in der Selbstwahrnehmung zu reduzieren sowie die Kongruenz zwischen Eigenwahrnehmung und Fremdwahrnehmung zu fördern. Zu diesem erweiterten Selbstbild gehören Erkenntnisse über ungeahnte Fähigkeiten genauso wie über unliebsame Anteile. Die Auseinandersetzung mit diesen verschiedenen Anteilen kann eine realistischere Selbsteinschätzung sowohl der eigenen Möglichkeiten als auch eigener Grenzen fördern. Die Gelegenheit, sich in einer Vielfalt von Menschen zu spiegeln, sich durch deren ‚Brille‘ betrachtet zu sehen, kann so zu einer Erweiterung des eigenen Selbstbildes führen. Ein wertschätzendes und differenziertes Feedback, das den Anderen nicht verurteilt, sondern von persönlichen Eindrücken spricht bzw. ausgeht, kann der Feedbacknehmer, wenn er sich tatsächlich ‚gesehen‘ und verstanden fühlt, leichter annehmen. Man kann also sagen, dass Feedback nicht allein ein Instrument ist, das auf die kommunikationspsychologische Arbeit in einem Training beschränkt ist, sondern ganz allgemein eine respektvolle Form der Beziehungsgestaltung ermöglicht.[112] Im Rahmen des Seminars entsteht oft eine Atmosphäre der Wertschätzung, die die positive Wirkung von Feedback begünstigt. Die innere Spannkraft, die es braucht, wenn

---

110 Vgl. Watzlawik (1969) 2000, S. 47 ff.
111 Vgl. ebd., S. 31 ff.
112 Vgl. Fengler 1998, S. 7.

man sich bewusst und gewollt mit der Rückmeldung von Anderen konfrontiert, kann explizit und in einem relativ geschützten Rahmen geübt werden.

In Zeiten, in denen für viele Menschen der Computerbildschirm und virtuelle Kontakte das primäre Gegenüber sind, erscheinen die Aussichten, die in einem wertschätzenden und differenzierten Feedback liegen, besonders wichtig. Wichtig, um Menschen in Kontakt mit sich und mit anderen zu bringen.

Feedback ist nicht immer bequem und manchmal konfliktreich. Aber es drückt aus, was andere Menschen übereinander denken und wie sie sich zueinander verhalten. Feedback enthält also die Möglichkeit, authentischer und kongruenter mit anderen Menschen und mit sich selbst umzugehen und kann dadurch wertvolle Beziehungen begünstigen. Es kann dazu führen, dass der Bereich des wechselseitigen Sich-Verstehens größer wird, neue Spielräume des Umgangs eröffnet werden und persönliches Wachstum gefördert wird, da man unbewusste Attribute erfahren kann und vielleicht mehr Mut bekommt, sich auszuprobieren.

4.4. *Wirkprinzip IV: Körperorientiertes Lernen*

In weiten Teilen der abendländischen Geschichte hat der Körper gegenüber dem Geist einen nachrangigen Stellenwert.[113] Auch im schulischen, universitären und im erwachsenenpädagogischen Kontext hat das theoretische Wissen bei weitem Vorrang vor körperlich erfahrenem und körperlich gelerntem Wissen. Man könnte sagen, der Körper wird eher de-thematisiert in unserer Zeit und in der Pädagogik.

Weiterhin ist festzustellen, dass der in der abendländischen Kulturgeschichte postulierte Dualismus – die Unterteilung und Spaltung des Menschen in einen geistigen und einen körperlichen Bereich –, die Wahrnehmung des Körpers als einen einheitlichen Organismus, also die Wahrnehmung des Menschen als einer denkenden, fühlenden und wollenden Einheit erschwert.[114] Demgegenüber betonen einige Strömungen der Psychologie, der Pädagogik, der Anthropologie und der Soziologie die Ganzheitlichkeit des Menschen als einheitlichen Orga-

---

113 Alkemeyer et al. 2009, S. 10.
114 Vgl. Kamper: „Körper". In: Wulf 1997, S. 409 ff.

nismus mit kognitiven, emotionalen und körperlichen Anteilen, die sich gegenseitig bedingen und beeinflussen, bzw. die Wichtigkeit des Körpers in Lern- und Bildungspraktiken.

C. Wulf betrachtet Denken als körperliches Handeln,[115] das im Verständnis vieler körpertherapeutischer Schulen zudem seinen Niederschlag in Körperstrukturen haben kann.[116] T. Alkemeyer betont die Bedeutung des Körpers in Lern- und Bildungsvollzügen, wenn er sagt: „Wer etwas über die Wirklichkeit von Lern-und Bildungsprozessen erfahren möchte, darf (...) nicht über die Körperlichkeit ihre Vollzüge hinwegsehen".[117] Der Körper ist, so T. Alkemeyer, verstrickt in „Bildungs-, Sozialisations- und Lernprozesse"[118]. B. Bourdieu spricht von der „*Inkorporierung* und Somatisierung sozialer Strukturen"[119]. Weiterhin betont B. Bourdieu die Tätigkeit, mit denen Menschen die „Vorgaben, Aufforderungen und Angebote der sie umgebenden Kultur aktiv in ihre subjektive Praxis und individuelle Biografie umsetzen, um sich in diesem Prozess eine körperliche und mentale Form zu geben"[120].

Und bei C. Wulf finden wir die Aussage: „Der Körper ist Träger menschlicher Geschichte und Kultur, in der Historischen Anthropologie wird er als Sitz des individuellen und des kulturellen Gedächtnisses untersucht."[121] Aus diesen Ansätzen erklärt sich die Überlegung, dass der Körper in Lernprozessen eine wichtige Rolle spielt, dass wir durch „körperlich-mentales Agieren" lernen.[122]

Demnach entfalten auch theoretische Lerninhalte, wie sie in Schule, Universität, Seminaren etc. gelehrt werden, ihre körperlichen Wirkungen über die Mimik und die Gestik der Vortragenden.[123] Darüber hinaus wird der Körper auch als ein Träger von Lebensgeschichte verstanden, der - wie ein Buch oder die Jahresringe eines Baumes - die persönliche Geschichte des Menschen *verkörpert* oder *erzählen* kann.

---

115 Wulf 2004 , S. 223.
116 Reich 1933 (1973); Lowen (1979) 1999.
117 Alkemeyer 2006, S. 119.
118 Ebd.
119 Bourdieu 1997 zit. n. Alkemeyer 2006, S. 119.
120 zit. n. Alkemeyer 2006, S. 120.
121 Wulf 2004, S. 148 ff.
122 Alkemeyer 2006, S. 121.
123 Wulf 2007, S. 8; Alkemeyer 2006, S. 119 ff.

Aus dem Gesagten geht hervor, dass über den Niederschlag von Erfahrungen, Gefühlen und Gedanken in Körperstrukturen,[124] ein Zugang zur Biografie und darüber auch zu Potenzialen und Ressourcen möglich ist. Das heißt, hier findet eine „Umkehr" des Erkenntnisweges statt: Über die Körperstrukturen werden mentale und emotionale Strukturen erkannt. Mit anderen Worten: Über den Körper wird der Geist, die Psyche, erkannt. So lässt sich z. B. A. Lowens Ansatz der Bioenergetischen Analyse (Bodyreading) pointiert beschreiben.

Auch wenn sich das SET nicht explizit mit kulturellen und sozialen Aspekten von Körperlichkeit und Körperlernen befasst, sondern eher auf die individuelle Geschichte des teilnehmenden Menschen in seiner Körperlichkeit eingeht, sei die Wichtigkeit und Wirksamkeit dieser größeren Bezugsrahmen erwähnt.

Ein Bildungsansatz, der Ganzheitlichkeit, also Einbeziehung von Körper, Emotion und Verstand, anstrebt, wie es das SET tut, sollte demnach ein methodisches Inventar haben, das den Sichtweisen und Besonderheiten der körperlichen Erfahrungs- und Lernprozesse entspricht und gerecht wird.

Erst im Verlaufe meiner Auseinandersetzung mit dem theoretischen Ansatz des SET im Rahmen der vorliegenden Arbeit habe ich entdeckt, dass die Humanistische Pädagogik und die Gestaltpädagogik in Anlehnung an die Humanistische Psychologie (besonders bei F. Perls) diesen Ganzheitsaspekt, d. h. auch körperliche Aspekte von Lernen und Bildung, in ihr pädagogisches Konzept integrieren.[125]

Das Zusammenspiel von Denken, Fühlen und Handeln und die Bedeutung des Körpers als Teil des Menschen in seiner Biografie und seinem Bezug zur Welt ist demnach integraler Bestandteil des SET-Konzepts. Der Ansatz SET geht davon aus, dass die ganze Biografie des Menschen im Körper eingefangen und aufbewahrt ist,[126] dass der menschliche Körper Leib gewordene Geschichte darstellt, die dem Menschen aber nur bedingt bewusst und zugänglich ist. Folglich können sich Gedanken und Erfahrungen im Körper materialisieren und umgekehrt bestimmte Körpererfahrungen auch auf das Denken prägend einwirken.

---

124 W. Fischer-Rosenthal sagt, „Biografie und Leib gehören zusammen. Sie entstehen aneinander und durcheinander, sie entwickeln autonome Strukturen, aber stets in Verbindung". Fischer-Rosenthal zit. n. Mehling 1999, S. 16.
125 Buddrus et al. 1995; Prengel 1983.
126 Vgl. Bulling 2001, S. 56.

Der Zugang zum Menschen kann daher sowohl über die Ebene des Körpers, dem sich-im-Körper-Erleben oder über kognitive oder emotionale Erfahrungsinhalte erfolgen.

Wir gehen entsprechend davon aus, dass der Körper, körperlicher Ausdruck, körperliche Wahrnehmung, Haltungen und Bewegungen einen entscheidenden Stellenwert in der Arbeit mit persönlichen Potenzialen haben, da wir den Körper als Teil der Persönlichkeit verstehen.[127]

Arbeit an und mit dem Körper wird deswegen als Arbeit an der Person verstanden. Ein wahrnehmbares Körpergefühl ist nach H. Petzold und Y. Maurer eng verknüpft mit dem Gefühl der eigenen Existenz – ich fühle mich, also bin ich – und darüber mit Selbstwert und Selbstsicherheit.[128]

Der Stellenwert von Körper im SET erklärt sich auch durch die Sichtweise auf den Körper als ein oder besser als ‚das‘ Kontaktmedium: Sprache, Körperausdruck, Berührung, Mimik, Denken – schlicht jede menschliche Äußerung vollzieht sich durch den Körper.[129]

Außerdem ist der Körper in der Pädagogik von Relevanz, da körperliche Begegnungsdimensionen Teil jedes pädagogischen Geschehens sind.[130] In der anthropologischen Reflexion werden körperliche Bewegungen als Medien des Austauschs zwischen Mensch und Welt aufgefasst.[131]

„Indem Bewegungen in den vielfältigen sozialen Praxen gebildet, geformt und eingeschliffen werden und sich damit Verhaltensroutinen und eine individuelle Körpergeschichte ausprägen, überkreuzen sich in ihnen das Natürliche und das Kulturelle, das Individuelle und das Gesellschaftliche, das Körperliche und das Mentale."[132]

J. Bauer stellt in seinem Buch „Das Gedächtnis des Körpers" dar, dass Erinnerungen gleichermaßen im Gehirn wie auch im Körper gespeichert werden. Wenn wir davon ausgehen, dass die präverbale Entwicklung des Kindes zunächst eine körperliche ist,[133] dass die Bildung der Persönlichkeit eng verknüpft ist mit internalisierten Körperer-

---

127 Vgl. ebd., S. 59.
128 Vgl. Maurer 1993, S. 35 ff.
129 Vgl. Alkemeyer 2006, S. 121 ff.
130 Vgl. Althans/Hahn/Schinkel 2009.
131 Vgl. dazu grundlegend: Gebauer 1997; vgl. auch Gebauer/Wulf 1998, S. 23-79.
132 Alkemeyer 2003, S. 6.
133 Röhricht 2000, S. 30.

fahrungen,[134] dann kommt dem nonverbalen Zugang zu diesem Körpergedächtnis eine besondere Bedeutung zu.

Bei der Auseinandersetzung mit diesem Geflecht aus im Gehirn und im Körper gespeicherten Erinnerungen, aus verbalen und nonverbalen Gedächtnisinhalten, aus Körper und Geist besteht die Arbeit im SET also aus einem Wechselspiel von Handlungsteilen, die Gelegenheiten zur körperlichen Wahrnehmung schaffen, und Gesprächsteilen, in denen das Erlebte verbalisiert, geordnet, reflektiert und integriert wird.[135]

4.5. Zusammenfassung

Im letzten Abschnitt wurden exemplarisch vier Merkmalseigenschaften des SET herausgearbeitet, die ich als zentral und charakteristisch für das Training erachte.

Es gibt bestimmt noch andere wichtige Merkmalseigenschaften; mein Fokus ist besonders auf gemeinschaftsbildende, soziale, biografische und den Körper integrierende Elemente der Fortbildung gerichtet. Es ist nicht das Anliegen dieser Betrachtung, das Training in seiner Gesamtheit zu analysieren; dies würde den Rahmen dieser Ausarbeitung sprengen.

Anschließend an die Herausarbeitung dieser Wirkprinzipien sollen beispielhaft einige Module des Seminars beschrieben werden, in denen diese Merkmalseigenschaften besonderen Niederschlag finden. Gleichzeitig sollen in Teilen der dramaturgische Aufbau des Seminars rekonstruiert und eigene Erfahrungen reflektiert werden.

---

134 Ebd.
135 Vgl. ebd., S. 21.

5. Beschreibung der Wirkung durch Lernformen und Personen oder: Die Dramaturgie des Seminars

Ein wesentliches Merkmal des Seminars ist die Vielfalt der Arbeitsformen und Methoden. Diese Vielfalt ermöglicht es nach meiner Erfahrung, Menschen auf unterschiedlichen Ebenen anzusprechen.

Menschen können über die Sinnesorgane in verschieden starker Ausprägung lernen. Es gibt eher visuelle Lerntypen, eher haptische, akustische etc. Einige können eher ihre Gefühle verbalisieren, andere haben eine ausgeprägte Körperwahrnehmung.[136] Ein Vorteil dieser Vielfalt ist, dass so jede/r Teilnehmende einen eigenen individuellen Zugang zu den jeweiligen Themen finden kann.

Die Vielseitigkeit der theoretischen und praktischen Erfahrungszugänge ermöglichen gleichzeitig, das gewohnte Wahrnehmungsrepertoire und die Lernzugänge der TeilnehmerInnen zu erweitern. Die thematische Vielfalt, die in der Seminarstruktur verankert ist, kann als anregendes und aktivierendes Element wirksam werden.[137]

5.1. Wirkung durch Lernformen

Im Folgenden sollen einige Lernformen des SET in ihrer Dramaturgie genauer beschrieben und auf die vier herausgearbeiteten Merkmalseigenschaften hin untersucht werden. Mit Lernformen sind unterschiedliche Arbeitssettings und Methoden gemeint, z. B. erfahrungsorientierte und gruppendynamische Lernformen wie die Encounterarbeit, kognitive und analysierende Lernformen wie z. B. das Kommunikationstraining und wahrnehmungs- und körperorientierte Lernformen wie z. B. Körper- und Atemarbeit. Eine hohe Beziehungsdynamik (Soziodynamik) ist ein wesentliches Charakteristikum von Gruppenarbeit.[138] Besonders verdichtet finden gruppendynamische Prozesse am ersten SET-Wochenende, dem Encounter, statt.

---

136 Vgl. Maurer 1993, S. 12.
137 Vgl. hierzu: „Integrationsabsicht". In: Storch/Krause 2005, S. 13 ff.
138 Vgl. Amann 2001, S. 28 ff.

5.1.1. Encounter

Am Beginn einer neuen Gruppe hat sich das Encounter als Arbeitsform bewährt. Die Herstellung von persönlich wertvollen Beziehungen in relativ kurzer Zeit wird begünstigt. Deshalb fängt jedes Self-Effectiveness-Training mit einem Encounterwochenende an.

Was ist Encounter, woher kommt es und wie setzen wir es ein?

Encounter heißt Begegnung und wurde ursprünglich in der Humanistischen Psychologie entwickelt.[139] Encounter soll ein Übungs- und Begegnungsfeld für Menschen sein, um sich und anderen Menschen authentisch zu begegnen. Nach C. Rogers steht in Encounter-Gruppen das „persönliche Wachsen sowie die Entwicklung und Verbesserung der interpersonalen Kommunikation und Beziehungen durch Erfahrung"[140] im Vordergrund. Dabei bietet diese Arbeitsform auch ein Podium für die TeilnehmerInnen, um soziale Umgangsformen zu üben und Verantwortung innerhalb einer Gruppe für sich und andere zu übernehmen.[141]

Es gibt unterschiedliche Encounter-Strukturen: Von sehr offenen Stilen, in denen TeilnehmerInnen und Leitung ohne vorgegebene Übungen, Vorgaben und Ziele zusammen in einem Raum sind und sich die Begegnung aus der Situation heraus entwickelt (nicht strukturiertes Encounter) bis hin zu zeitlich und inhaltlich stark strukturierten Gruppen.

5.1.1.1. *Wirkprinzip I: Beziehung und Gemeinschaft*

Im SET arbeiten wir mit einem so genannten halb-strukturierten Encounter. Es wird ein fester zeitlicher, örtlicher, personeller und methodischer Rahmen geschaffen, innerhalb dessen sich die Dynamik der Gruppe entfalten kann.[142]

---

139 Vgl. Rogers 1970.
140 Ebd., S. 12.
141 Eine plastische Beschreibung von einem Encounterseminar mit C. Rogers und 120 TeilnehmerInnen. In: Zundel 1991, S. 51.
142 Vgl. Schattenhofer 2001, S. 45.

Strukturierende Elemente in dieser Encounterform sind die Gesprächswege/Kommunikationsregeln des SET.[143] Sie sind hilfreich, um eine bewusste, selbstverantwortliche und wertschätzende Gesprächs- und Beziehungskultur zu fördern. Als weiteres strukturierendes Element dienen die gemeinsamen Mahlzeiten zu vorgegebenen Zeiten. Als ein drittes strukturierendes Element wirkt die räumliche Anordnung der TeilnehmerInnen: das gemeinsame Sitzen in einem Kreis oder gemeinsame Aktionen wie Spaziergänge, Körperübungen o. Ä.

Ein Teil der Struktur ist die relative Zurückhaltung der TrainerInnen.

„Der offene gruppendynamische Raum besteht gerade darin, dass die TrainerInnen die Erwartungen der TeilnehmerInnen an die TrainerInnen nur teilweise erfüllen. Letztendlich streben die TrainerInnen an, dass die Gruppe ihr Selbststeuerungspotenzial entwickelt und auf die Leitung von außen immer weniger angewiesen ist."[144]

Innerhalb des Rahmens, den diese strukturierenden Elemente bilden, ist Raum für situative, bedürfnisorientierte Lernprozesse. Mit situativen Lernprozessen ist ein Richten der Aufmerksamkeit auf die Gegenwart, also die Situation, gemeint. In der Sprache der Humanistischen Psychologie wird dies mit: „Im Hier-und-Jetzt-Sein", oder mit „Gewahrsein"[145] bezeichnet.

Bedürfnisorientiert ist die Arbeit im Encounter, weil die TeilnehmerInnen bestärkt werden, ihre Wünsche und Bedürfnisse im Rahmen der Möglichkeiten der Situation direkt umzusetzen. Indem Bedürfnisse zugelassen werden dürfen, können sich die TeilnehmerInnen angenommen und entspannter erleben und sich umso mehr auf die Gruppe einlassen. Für viele ist ja die Wahrnehmung der eigenen Wünsche ganz ungeübt und in den Hintergrund gedrängt. Im Vordergrund stehen Leistungsansprüche und der Anspruch zu funktionieren. Wünsche und Bedürfnisse werden oftmals eher als Schwäche denn als Antriebskraft verstanden. Das Artikulieren und Üben eines selbstverantwortlichen Umgangs mit Bedürfnissen betont dagegen die Verantwortung für das eigene Wohlergehen und setzt bei den Teilnehmenden oft ungeahnte Kräfte und Energien frei.

---

143 Diese Kommunikationsvorschläge ähneln den Gesprächsregeln der TZI, Themenzentrierte Interaktion nach R. Cohn (1975) 1997.
144 Schattenhofer 2001, S. 45.
145 Gindler/Perls 1979.

Die Balance zu halten zwischen den Anliegen und Bedürfnissen einzelner TeilnehmerInnen und dem dynamischen Gruppengeschehen ist ein sehr fragiler und komplexer Prozess, und die Leitung einer Encountergruppe erfordert viel Erfahrung und Feingefühl.

Die Vorteile von Encounterarbeit sind wie folgt zu beschreiben: Über den vorgegebenen zeitlichen Rahmen kann sich ein Spannungsbogen in einem kommunikativ dichten Feld aufbauen, wobei besonders emotionale Erlebnisinhalte mobilisiert werden können. Das dichte Zusammensein fördert intensive Begegnungen. Zu diesen Begegnungen gehören auch Konflikte, die innerhalb der Gruppe thematisiert, inszeniert und bearbeitet werden können. Gleichzeitig kommen soziale Kräfte und Selbsthilfepotenziale deutlich zum Tragen, d. h. die GruppenteilnehmerInnen übernehmen Verantwortung füreinander und wirken unterstützend.[146] C. Rogers, als einer der Begründer der Encounterarbeit, betont die Wirksamkeit von Gruppen als dynamische, heilende und potenzierende Kraft sowie deren soziale, integrative und emotionale Komponenten. Hierzu C. Rogers:

„In einer Gruppe lässt sich ein psychologisches Klima der Sicherheit herstellen, in dem sich nach und nach die Freiheit des Ausdrucks und die Reduktion der Abwehr einstellen."[147] An anderer Stelle: „Ich persönlich würde die Feststellung vorziehen, dass die Gruppe psychologisch wachstumsfördernde Wirkung hat."[148]

Wenn den Beteiligten – und besonders den TrainerInnen – gelingt, ein Klima der Wertschätzung und eine Kultur der authentischen Begegnung aufzubauen, kann die von C. Rogers beschriebene „wachstumsfördernde Wirkung"[149] eintreten.

Das hohe Motivationsniveau von TeilnehmerInnen im SET, mit einer Gruppe von anfangs unbekannten Menschen über zwei Jahre durch ungewisse Erfahrungen und Entwicklungen zu gehen, kann unter anderem mit der Qualität von Gemeinschaftserleben und gelebten Beziehungen erklärt werden. Qualitäten von „optimalen menschlichen Beziehungen" sind nach R. Cohn „nicht maximale Nähe, sondern *ich-angemessene Nähe und Distanz*"[150]. Der relativ offene und gleichzeitig

---

146 Vgl. Röhricht 2000, S. 20.
147 Rogers, 1974, S. 14.
148 Ebd., S. 123.
149 Ebd.
150 Cohn (1975) 1997, S. 171.

geschützte Rahmen des Encounter kann zu sensiblen und hoch affektiven Prozessen führen. Die TeilnehmerInnen können erleben, dass sie anderen Menschen gegenüber Gefühle und Bedürfnisse äußern, ohne dafür bewertet und reglementiert zu werden.

Folgende Kommunikationsregeln unterstützen diesen Prozess, indem sie:

- Eine Betonung auf Selbstkundgabe (von sich reden) legen. Dadurch lernen die TeilnehmerInnen über sich zu reden, von sich zu erzählen, anstatt über andere zu reden oder sich hinter Allgemeinaussagen zu verbergen. Sie geben dadurch etwas von sich in die Runde und werden dadurch sichtbarer und unmittelbarer für die anderen.

- Zur Verantwortung für sich selber aufrufen und dadurch die Eigenverantwortlichkeit betonen („Chairman Postulat")[151];

- Störungen einzelner Mitglieder im Gruppenprozess explizit zulassen. Aus der Erfahrung, dass Störungen wirksam sind – auch wenn sie unterschwellig existieren – und um wiederum die Verantwortung für den eigenen Anteil am Gruppengeschehen und für die eigenen Bedürfnisse zu verdeutlichen.

Untersucht man das Encounter auf die vier eingangs herausgearbeiteten Merkmalseigenschaften, dann stehen m. E. hier der Beziehungsaspekt und die Gemeinschaftsbildung im Vordergrund. Durch die Anonymität der Teilnehmer, die minimale Struktur sowie das Hier-und-Jetzt-Prinzip im Encounter kann idealtypisch ein „interaktionelles Vakuum"[152] entstehen, in dem es den TeilnehmerInnen schwer fällt, sich auf gewohnte Vorstellungen und Vorerfahrungen zu verlassen. Die Unwägbarkeit eines „unstrukturierten Praxisraums"[153] ist gleichzeitig Herausforderung und Chance für neue Formen von Beziehungsaufnahme.

A. Amann begründet die Besonderheit der Beziehungsaufnahme in gruppendynamischen Trainings (in Anschluss an T. Parsons) mit der verstärkten „Diffusität der Beziehungen. Diese können nicht mehr aus-

---

151 Cohn (1975) 1997, S. 121 ff.
152 Antons/Amann et al. 2001, S. 61 ff.
153 Ebd.

schließlich über Rollen- und Funktionsklärungen definiert werden, sondern die Teilnehmer sind als ganze Person bei der Beziehungsaufnahme gefragt"[154].

Die Unbestimmtheit der Situation und deren Gestaltung und die Unklarheit und Diffusität der Beziehungen können zu einem Prozess der Gemeinschaftsbildung führen.[155] Indem der gemeinsame Fokus der Gruppe keinen thematischen Inhalt hat, werden die Interaktionsmuster, die sozialen Beziehungen und die Gruppenbildung der Hauptgegenstand des Encounter.

Die entstehende Ordnung auf der Beziehungsebene bzw. der soziodynamischen Ebene – im Gegensatz zur Sachebene – wird dadurch gestaltbar, dass sie aus „dem Verborgenen, der Latenz herausgeholt und sichtbar gemacht wird. Auf der Analyse dieser Ebene liegt das Hauptaugenmerk der Arbeit"[156] im Encounter.

Neben dem gemeinschaftsbildenden und beziehungsfördernden Aspekt kommt durch die hohe interaktive und kommunikative Dichte des Encounter auch ein anderes Wirkprinzip des SET zum Tragen: das Wirkprinzip Feedback als soziale Spiegelung.

5.1.1.2. Wirkprinzip III: Feedback als soziale Spiegelung

Feedbackprozesse sind besonders stark in kommunikativen Teilen des Trainings vertreten. Ein Beispiel für eine Feedbackübung, die wir gleich zu Beginn des ersten Wochenendes einleiten, findet als Paarübung, Dyade, statt: Die TeilnehmerInnen sitzen sich paarweise gegenüber mit der Aufgabe, sich gegenseitig den ersten Eindruck voneinander zu schildern. Diese Paarkonstellationen werden einige Male gewechselt. So bekommen die TeilnehmerInnen ein vielseitiges Feedback über die Wirkung, die sie auf andere Menschen (Fremde) ausüben. Dabei geht es ausdrücklich um den ersten Eindruck, den die TeilnehmerInnen voneinander bekommen, den Eindruck also, der entsteht, bevor ein vertieftes Kennenlernen beginnt. Der Hintergrund die-

---

154 „Diffus im Gegensatz zu spezifisch-rollenförmig nennt Parsons solche Beziehungen, weil in ihnen die Grenzlinien dessen, was thematisiert werden darf und was nicht, schwer zu ziehen sind und weil sie die beteiligten Akteure mit totalisierenden sozialen Erwartungen konfrontiert. Orte diffuser Sozialbeziehungen sind Familie, Partnerschaft, Freundschaft und Staatsbürgerschaft." Amann: Gruppendynamik als reflexive Vergemeinschaftung". In: Antons/Amann et al. 2001, S. 29.
155 Vgl. ähnlich: „Vergemeinschaftung" versus „Vergesellschaftung"; M. Weber, 1956, zit. n. Antons/Amann et al. 2001.
156 Schattenhofer 2001, S. 41.

ser Übung ist es zu erfahren, was Menschen, die mich nicht kennen, von mir und an mir wahrnehmen. Was ist ihr erster Eindruck, was halten sie von mir, was denken sie von mir und über mich? Diese Art von auf Vermutungen basierenden Beurteilungen geschehen im Alltag häufig, wirken in Begegnungen hinein, werden aber selten direkt ausgesprochen. In dieser ersten Übung wird also das Differenzieren zwischen sinnlicher Wahrnehmung (Sehen, Hören...) und Interpretationen, Vorurteilen, Zuschreibungen (erster Eindruck) geübt. Geübt, indem sie ausgesprochen werden: „Mein erster Eindruck von dir ist, dass du ... bist.“[157]

In dieser Übung kann zum einen eine Veränderung und Bereicherung des Selbstbildes stattfinden, zum anderen kann gelernt werden, ein Feedback anzunehmen oder nicht anzunehmen, weil ja der Feedback-Gebende explizit von seiner eigenen Wirklichkeit spricht („Mein erster Eindruck von dir ist...“) und nicht von einer allgemein gültigen („Du bist klug“, „Du bist faul“...), also nicht in Zuschreibungen.

Eine weitere Chance dieser direkten Konfrontation liegt in der Auseinandersetzung mit eigenen Ängsten. Die Furcht davor, was andere Menschen über einen denken, kann im Alltag sehr hinderlich sein. Indem ein Übungsfeld für direkte Konfrontation mit den Beurteilungen anderer Menschen geschaffen wird, können solche Ängste sich relativieren bzw. bearbeitet werden.

5.1.1.3. Wirkprinzip II: Biografisches Lernen als Narration

Die Dyade hat eine unkonventionelle Art des Kennenlernens eingeleitet. Mit der Frage nach den Anliegen der einzelnen TeilnehmerInnen kann die Arbeit fortgesetzt werden. So werden erste Selbstklärungsprozesse eingeleitet („was will ich hier, was sind meine Anliegen an dieses Training...?“), und das gegenseitige Kennenlernen wird vertieft.

Das halbstrukturierte Encounter hat als Arbeitsform den Vorteil, dass durch die Vielzahl von Freiräumen in einer sich neu zusammenfindenden Gruppe für die TeilnehmerInnen die Möglichkeit besteht, sehr schnell mit eigenen, aus der Lebensgeschichte erwachsenen Verhaltensstrukturen konfrontiert zu werden und diese Verhaltensstrukturen auf ihre Situationsadäquatheit hin zu untersuchen, mit der Frage: „Möchte ich mich so fühlen, so reagieren, so handeln...?“ Gewohnte

---

157 Vgl. Schulz von Thun 1997, S. 69 ff.

Verhaltensmuster im Umgang mit Gefühlen, Stress, Unsicherheiten und Wünschen können so zu Bewusstsein kommen und eventuell neu geübt, umgedeutet und verhandelt werden. Die Muße, mit sich selbst im Kontext einer Gruppe zu experimentieren und sich selber zu beobachten, und die Erkenntnis, dass diese Art der Introspektion und Reflexion überhaupt möglich ist, wird für viele TeilnehmerInnen zu einer neuen Erfahrung.

5.1.1.4. Wirkprinzip IV: Körperorientiertes Lernen oder Körperarbeit als Abschied vom Alltag

Durch die Intensität der Arbeit und die Emotionalität der Prozesse entsteht eine dichte Atmosphäre, die oft das Bedürfnis nach ausgleichenden Übungen und Bewegung hervorruft. Deswegen, und auch um den Teilnehmenden den Übergang von ihrem Alltag in das Seminar zu erleichtern, werden während des gesamten Wochenendes ausgleichende oder anregende Körperübungen mit einbezogen. Dabei kann eine Aufmerksamkeitsverschiebung von primär kognitiven auf einen affektiv-perzeptiven Selbstbezug bewirkt werden. Für Körper- und Wahrnehmungsübungen gibt es keinen festgelegten Plan. Die Spontanität und das Einfühlungsvermögen des Gruppenleiters sowie die Kenntnis von möglichen Auswirkungen solcher Übungen sind also entscheidende Faktoren.

5.1.1.5. Dramaturgische Gestaltungen und Entscheidungsprozesse

Das erste Wochenende im SET dient gleichermaßen als gemeinschaftsbildendes Element für eine neue Gruppe und Entscheidungsprozess für jede Teilnehmerin und jeden Teilnehmer. Nach diesem Wochenende haben die TeilnehmerInnen die Wahl, sich in einem festgelegten Zeitrahmen für oder gegen die weitere Teilnahme am Training zu entscheiden. Dieser bewusst eingeleitete Klärungsprozess führt in der Regel zu einer Differenzierung und Konsolidierung der Motivation. Er fördert gleichzeitig das Bewusstsein und die Fähigkeit, eigene Entscheidungen zu treffen und zu den Folgen dieser eigenen Entscheidung zu stehen. Das erhöht die Fähigkeit zur Selbstverantwortung. Ich betone diesen Prozess, weil eine verbindliche Zusage über einen so langen Zeitraum aus meiner Erfahrung eine wichtige und förderliche Arbeitsgrundlage für alle Beteiligten darstellt.

5.1.1.6. Meine Erfahrungen als Trainerin

Bei der ersten Begegnung der Gruppe ist es besonders wichtig, als TrainerIn den wertschätzenden, direkten und fördernden SET-spezifischen Umgang vorzuleben und authentisch zu vermitteln und so eine Atmosphäre des konstruktiven, offenen, wachen und wohlwollenden Miteinanders zu schaffen. Hierfür gibt es keine Rezepte. Jede/r GruppenleiterIn muss eine eigene Form, einen eigenen Stil und Umgang finden. Es braucht m. E. Takt, Respekt und Feingefühl sowie eine differenzierte Wahrnehmung und Mut.

Für mich stellt das Encounter eine der beeindruckendsten, komplexesten und zugleich schwierigsten Arbeitsformen des SET dar:

Zum einen setzt sich die Gruppe ganz neu zusammen. Die Menschen kennen sich noch nicht, sind teils befangen und unsicher. In der zentralen Position der Gruppenleitung sind verbindendes, vermittelndes und auflockerndes Verhalten konstitutiv für ein förderliches Arbeits- und Lernklima. Doch auch als TrainerIn kann Unsicherheit oder Zaghaftigkeit in neuen Situationen mit vielen unbekannten Menschen aufkommen. Es ist für mich eine Herausforderung, authentisch und gleichzeitig souverän in dieser Findungsphase der Gruppe zu agieren, mit allen Unsicherheiten, Fragen und Unwägbarkeiten.

Zum anderen ist die Struktur des Encounter sehr offen und fordert ein hohes Maß an Flexibilität und wachem, situationsspezifischem Handeln. Hierzu sind die differenzierte Wahrnehmung der Gruppenprozesse und ein beherztes Nutzen von Lernmöglichkeiten nötig.

Nicht immer sind die Vielschichtigkeit von einzelnen Situationen und die darin liegenden Lernchancen ersichtlich, manchmal verfliegen diese Momente so schnell, dass sie schon vorbei sind, ehe sie erkannt wurden. Oder ein spontaner Impuls, der durch andere Überlegungen gebremst wurde, wäre – im Nachhinein betrachtet – gut und wichtig gewesen.

Beeindruckend ist das Encounter, weil es in kurzer Zeit eine Dichte an intensiven Begegnungen, emotionaler Akzeptanz und Verbundenheit in einer Gruppe aufbaut, die in mir immer wieder Erstaunen hervorruft.

5.1.2. Kommunikationstraining

In einer anderen SET-Einheit, dem „Kommunikationstraining", wird eine starke Gewichtung auf Kommunikation, Interaktion und Feedbackprozesse gelegt.

5.1.2.1. *Wirkprinzip III: Feedback als soziale Spiegelung*

Ein übungsorientiertes Gruppentraining ist, noch stärker als Fortbildungen mit primär theoretischen Inhaltsvermittlungen, geprägt von einer hohen Dichte an Kontakten und Interaktionen, durch eine Vielzahl an impliziten und expliziten Kommunikationssituationen, gegenseitiger Einflussnahmen, Verhandlungen und Projektionen.

Die SET-Einheit „Kommunikationstraining" befasst sich schwerpunktmäßig mit Themen und Übungen der zwischenmenschlichen Kommunikation, mit Feedback und Interaktion. Sie will ein Übungsfeld schaffen, in dem Kommunikationsprozesse transparenter gemacht und dadurch Einsichten in gewohnte Verhaltens- und Umgangsformen erlangt werden können. Da eine Verbesserung der Kommunikation für das Verständnis der Menschen sich selber und anderen gegenüber grundlegend ist, stellen wir dieses Thema relativ an den Anfang der Fortbildung.

Durch die Erarbeitung theoretischer und praktischer Grundlagen zwischenmenschlicher Kommunikation und Kommunikationsanalysen wird eine differenziertere Wahrnehmung solcher Vorgänge und Verhaltensweisen erfahrbar gemacht und bewusst angewendet. „Was sind meine Umgangsgewohnheiten, wie spreche ich, wie drücke ich das aus, was ich eigentlich sagen will, wie vermeide ich schwierige Situationen?" „Wie wirkt meine Art mich auszudrücken auf andere Menschen?" Das sind die Fragen, die im Kommunikationstraining angesprochen werden. Die Gruppensituation erlaubt dabei ein vielseitiges Feedback über die unterschiedlichen Wahrnehmungen der verschiedenen TeilnehmerInnen. So spiegelt sich das Bild der eigenen der Wirkung facettenreich in den unterschiedlichen Wahrnehmungen der Gruppe. Diese Vielseitigkeit kann eine Erweiterung des Selbstbildes ermöglichen und Anstoß geben, neue Ausdrucksformen für sich zu erforschen.

Wenn z. B. jemand auf der einen Seite souverän und sicher wirken will, gleichzeitig aber auch den Wunsch nach Unterstützung und Entlastung hat, diesen aber nicht zeigt oder artikuliert, kann dieser Wunsch nach Hilfe von seinem Umfeld schwer wahrgenommen werden. Ich habe immer wieder erlebt, dass sich Menschen solcher paradoxen Bestrebungen nicht bewusst sind. Durch Feedback können Einsichten in eben diese Verhaltensformen gewonnen werden.

Prozesse der eigenen Wahrnehmungserweiterung können durch qualifiziertes, differenziertes und wertschätzendes Feedback gefördert bzw. erweitert werden.

Die Entwicklung der Persönlichkeit und das Bild der eigenen Identität werden zu einem wesentlichen Teil durch soziale Spiegelung – Feedback von anderen Menschen – ermöglicht. Durch eine Vielzahl von Übungen und Kommunikationsformen geben sich die TeilnehmerInnen Feedback. Da Feedback auch sehr verletzend sein kann und dann eher zu Abwehr führt, wird großer Wert auf die Qualität des Feedback gelegt:

Das Wesentliche so konkret wie möglich sagen, fair sein, Takt und Behutsamkeit in der Dosierung,[158] von sich selber reden statt über den Anderen, trennen zwischen *sinnlicher Wahrnehmung* („Ich sehe, deine Haut ist blass."), *Wirkung* („Ich vermute, dass du aufgeregt bist.") und *Bewertung* oder *Gefühlen* („Ich werde ganz neugierig und unruhig."), die bei einem selber als Reaktion auf die eigenen Bewertungen entstehen. Hierbei wird eine deutliche Trennung zwischen dem sinnlich Wahrnehmbaren und den eigenen Interpretationen und Phantasien geübt, nicht um die Interpretationen zu vermeiden, sondern um sich bewusst zu werden, dass es sich um solche handelt.[159] Interpretationen sind subjektiv und dienen als Deutungshilfe. Sie sind wichtig, damit Menschen Situationen und andere Menschen etc. einschätzen können.[160] Das Feedback kann Verhalten, Atmosphäre, Kommunikation und Beziehungen, Veränderungen und Entwicklungen zum Gegenstand haben.[161]

Feedback findet in der Videoarbeit (audiovisuelles Feedback) in einer verdichteten Struktur statt. Durch die Aufzeichnung von Kurzvorträgen und einer anschließenden Auswertung in Form von Feedback kann sich jede/r TeilnehmerIn selbst in Aktion betrachten. Körperhaltung, Tonfall und Wortwahl erscheinen in einer neuen Perspektive. Man bekommt einen ähnlichen Blickwinkel auf sich selbst, wie ihn

---

158 Vgl. Fengler 1998, S. 17.
159 Vgl. Schulz von Thun 1997, S. 72 ff.
160 Vgl. Cohn (1975) 1997, S. 208.
161 Vgl. Fengler 1998, S. 26.

sonst nur andere haben, und kann durch eine Art Draufsicht (Fremd-wahrnehmung) die Dissonanz bzw. Kongruenz zum vormaligen Bild von sich, zu seiner Selbstwahrnehmung bearbeiten. Auch Konfrontationsängste, die Furcht vor der eigenen Wirkung können in der Auswertung bearbeitet werden. In Auswertungen werden im SET nach jeder Kommunikationsanalyse oder -übung sowohl in Kleingruppen als auch im Plenum Prozesse der Selbstreflexion und des Feedback ergänzt und fortgesetzt.

5.1.2.2. Erfahrungen als TrainerIn

Eine Herausforderung für die TrainerInnen ist es, die Neugier an selbstexplorativen, analysierenden Prozessen bei den TeilnehmerInnen zu fördern oder zu wecken und diese Arbeit als sinnvolle Arbeit an der eigenen Persönlichkeit und Beziehungsfähigkeit zu veranschaulichen und gleichzeitig einen Austausch zwischen allen Teilnehmenden anzustoßen, den die Beteiligten als bedeutungsvoll und sinnvoll empfinden.

Um eine Atmosphäre des Vertrauens und der Offenheit aufzubauen, bedarf es einer achtsamen Begleitung des Gruppengeschehens und einer unterstützenden und fördernden Haltung gegenüber den TeilnehmerInnen.

Ein weiterer wichtiger Aspekt für die pädagogische Arbeit in diesem Kontext sind Neugier und Interesse an den einzelnen TeilnehmerInnen, an ihren Geschichten, ihren Wünschen, Bedürfnissen und Zielen. Für mich als Trainerin ist besonders interessant, was die Menschen bewegt hat, in dieses Training zu kommen; zum einen, weil sie oft hochqualifiziert sind, mitten im Leben stehen, und ich mich als Trainerin frage, ob und wo sie von meiner Unterstützung und dieser Fortbildung profitieren können, und zum anderen, um sie besser darin unterstützen zu können, ihre Ziele zu erreichen und zu verwirklichen.

5.1.2.3. Wirkprinzip IV: Körperorientiertes Lernen

In der zwischenmenschlichen Kommunikation spielt der Körper eine vermittelnde Rolle: Durch die körperliche Erzeugung von Sprechen und Hören, durch die mimischen und gestischen Wechselwirkungen (Feedbackprozesse) zwischen den Interaktionspartnern und dem sprachlichen Ausdruck innerer Regungen und Bewegungen.[162]

---

162 Vgl. Wulf 2004, S. 210 ff.

Dem Körper kommt demnach in Kommunikationsprozessen eine wesentliche Bedeutung zu, man könnte sagen, der Körper spricht mit. Kommunikation wird bedeutsam und stimmig durch Kongruenz von Emotion und Ausdruck. Emotionen, die unterdrückt werden, finden oft ihren Ausdruck im Körper z. B. durch Anspannung, starkes Schwitzen, starre Mimik etc.

Der Versuch, die Emotionen und die damit verbundenen Körperreaktionen bewusst wahrzunehmen und zuzulassen, kann zu mehr Lebendigkeit und Ausdruckskraft führen.

Übungen zu Körperausdruck und Körpersprache und klarer, effektiver und authentischer Kommunikation betonen auch die körperliche Seite der Kommunikation. Eine darstellerische Neigung des Trainers oder der Trainerin begünstigt Vermittlungsprozesse. Durch Vormachen, Mitgehen, Verstärken, gestisches Unterstreichen kann die Gruppenleitung nonverbale Anteile der Kommunikation szenisch verdeutlichen.

5.1.2.4. Wirkprinzip II: Biografisches Lernen als Narration

Das Erzählen der Lebensgeschichte ist ein zentrales Merkmal des Seminars. In der Auseinandersetzung mit sich selber spielt die Biografie eine wichtige Rolle. Schon am ersten Wochenende beginnt das Erzählen biografischer Geschichten, wenn die TeilnehmerInnen beschreiben, was sie veranlasst hat, in das SET zu kommen.

Im Kommunikationstraining geht es dabei auch um die Bearbeitung schwieriger Lebenssituationen, die noch nicht verstanden oder geklärt werden konnten. Durch eine Analyse von selbst erlebten missverständlichen Dialogen (Kommunikationsanalyse)[163] kann in Kleingruppenarbeit und in anschließenden Gruppenauswertungen ein erweitertes Verständnis von Missverständnissen und Konflikten geschaffen werden. Solche Verstehens- und Umdeutungsprozesse sind, das erleben wir immer wieder, sehr fragile Phasen. Die TeilnehmerInnen haben persönliche Ereignisse aufgearbeitet und befinden sich in einer Übergangsphase. Diese Übergangsphase bringt eine gewisse Unsicherheit mit sich. Problemschaffende oder problemerhaltende Kommunikationsmuster werden erkannt, Kommunikationsmuster, von denen jetzt langsam erkennbar wird, dass sie an der Entstehung von

---

163 Vgl. Schulz von Thun 1977, S. 25 ff.

schwierigen Situationen mitbeteiligt sind. Es wird deutlich, wie eng der eigene Kommunikationsstil mit eigenen Lebenserfahrungen und biografischen Ereignissen verknüpft ist, mit Problemen am Arbeitsplatz, Beziehungsproblemen, Trennungen u. Ä., wie der eigene Kommunikationsstil in Streitigkeiten oder bei Missverständnissen zum Tragen kam. Diese Erkenntnisse werden von den TeilnehmerInnen oft als schmerzhaft erlebt und noch scheinen ja keine alternativen Kommunikationsformen bekannt. Wenn nun im Kommunikationstraining diese Erfahrungen zusammengetragen werden, ist es entsprechend wichtig, dass die TrainerInnen einen schützenden und wertschätzenden Rahmen gestalten und Umgangsformen einführen, die Ideen zulassen und Bewertungen vermeiden. Hierbei hilft, nach meiner Erfahrung, das Erzählen von biografischen Geschichten, auch von Seiten der Gruppenleitung, eigenen Geschichten, die anknüpfen an die Erfahrungen von anderen, Geschichten vom eigenen Scheitern und Verzagen. Geschichten, die begleiten auf dem Weg aus den alten Kommunikationsmustern durch die Unsicherheit hin zu möglichen neuen Kommunikationsformen.

Diese Form, durch Erzählen oder Verschriftlichen lebensgeschichtlicher Erfahrungen die eigene Biografie immer wieder neu zu rekonstruieren, die im SET schon vor dem ersten Gruppentreffen mit der Bearbeitung des Lebenslauffragebogens beginnt, entspricht dem theoretischen Ansatz des biografischen Lernens und ist eine sehr konkrete und strukturierte Auseinandersetzung mit der eigenen Lebensgeschichte. Durch das immer wieder neue Erzählen und Reflektieren der Vergangenheit kann sich das Verständnis der eigenen Identität in verdichteter Form aktualisieren und das Bild der eigenen Person immer wieder neu formen. Ein Ziel des Trainings ist, einen Teil dieser individuellen Geschichte reflektiv erfahrbar zu machen und dazu entsprechend individuelle Lernwege abzuleiten.

5.1.3. Körper- und Atemarbeit – Körperorientiertes Lernen

In diesem Kapitel werden keine Zuordnungen zu den vier Wirkprinzipien gemacht, da das Lernen mit dem Körper und durch den Körper im Vordergrund stehen soll. Ich hebe also die einzelnen Wirkprinzipien nicht hervor, gehe aber gleichwohl davon aus, dass beziehungsdynamische, kommunikative und biografische Aspekte hier von entscheidender Bedeutung sind.

Wie beschrieben basiert die Körper- und Atemarbeit im SET auf der Annahme, dass die Informationen der eigenen Lebensgeschichte im ganzen Körper gespeichert sind, dass also nicht nur das Gehirn Speicherort für biografische Informationen ist und dass entsprechend die Arbeit mit dem eigenen Körper – und dazu zählt auch die Arbeit mit dem Atem – helfen kann, die eigene Geschichte besser zu verstehen und einer Erweiterung der eigenen Möglichkeiten den Weg zu bahnen.

Dieser Ansatz im SET ist nicht neu, viele atem-, leibpädagogische[164] und körperpsychotherapeutische Ansätze – wie von I. Middendorf, E. Gindler, W. Reich, A. Lowen, Y. Maurer – basieren auf diesen Annahmen und arbeiten gezielt an einer Integration von körperlichen und geistigen Persönlichkeitsanteilen.

Körperarbeit zählt zu den erlebnisorientierten Verfahren.[165]

Eine wichtige Rolle in der Körper- und Atemarbeit des SET spielen die Begriffe Wahrnehmung/Aufmerksamkeit bzw. Bewusstheit. Diese Begriffe sind von Elsa Gindler (1885 bis 1961) inspiriert, die den Begriff des „Gewahrseins"[166] geprägt hat (im englischsprachigen Raum „awareness"). Gemeint ist hiermit die uneingeschränkte, sinnliche Konzentration auf die jeweilige gegenwärtige Befindlichkeit. Wahrnehmung der Befindlichkeit bezieht sich sowohl auf körperliche Befindlichkeit als auch auf Emotionen und Gedanken. Dieses Gewahrsein steht im Gegensatz zu Konzepten, die das Handeln, das Verändern-Wollen oder Manipulieren in den Vordergrund stellen.

---

164 Zur Unterscheidung der Begriffe Körper und Leib schreibt Y. Maurer: „Körper und Leib kommen aus anderen Sprachbereichen: Körper aus dem Lateinischen, von >corpus< und Leib vom Althochdeutschen >Lib< und dem neuhochdeutschen Wort >Leben<". Maurer 1993, S. 35. – Die beiden Ausdrücke werden oft synonym gebraucht, wobei das Wort „Leib" meist die geistigen und seelischen Aspekte des Körpers bezeichnet, also das „Körper sein" im Gegensatz zum „Körper haben". Maurer warnt vor einer begrifflichen Differenzierung und betont die Einheit des Menschen durch den Ausdruck vom „geistig und wesensmäßig durchpulsten Körper". (Ebd.) Ich verwende die Begriffe synonym und meine mit ‚Körper' den ganzen Menschen in seiner körperlichen und geistigen Existenz.
165 Vgl. Röhricht 2000, S. 19.
166 Vgl. ebd., S. 59 ff.

Mit *Gewahrwerden* ist also nicht Anstrengung, die verändern will, gemeint, sondern eine Aufmerksamkeit, die fragt: „Was ist jetzt?" Und diese Aufmerksamkeit auf das „was ist jetzt", bewirkt oft „sprunghafte Veränderungen".[167]

Ein Beispiel für den Prozess von Wahrnehmung/Aufmerksamkeit und daraus folgenden Veränderungen sei hier kurz geschildert:

Immer wieder wird von TeilnehmerInnen im Laufe des Seminars die Wahrnehmung einer Trennung zwischen Kopf und Körper entdeckt und erlebt. Dieses Phänomen wird manchmal beschrieben wie ein Abgetrenntsein des Kopfes vom Körper auf der Höhe des Halses. Diese Erfahrung wird oft als unangenehm und schmerzhaft empfunden. An diesem Punkt taucht dann häufig die Frage auf: „Wie kann ich diesen Zustand verändern?" oder „Was kann ich tun?", also der Wunsch nach Veränderung dieses unangenehmen Zustandes. In dieser Situation kann, oft zum ersten Mal, das Gewahrwerden geübt werden, also das „Nicht-Tun", das bewusste und akzeptierende Wahrnehmen. Es wird immer wieder deutlich, dass der erste Schritt zur Veränderung eben dieses bewusste Wahrnehmen des eigenen Körpers ist. Wenn dieses Gefühl des Getrennt-Seins erst einmal zu Bewusstsein gekommen ist, vollzieht sich im Training oft eine Veränderung bzw. Entwicklung hin zu einer empfundenen Integration von Kopf (Verstand, Ratio) und Körper (Gefühle, Sexualität, Körpergrenzen und Selbstwahrnehmung...), ohne dass etwas ‚getan‘ werden musste. Und diese Integration, entstanden aus der Wahrnehmung, kann eine Veränderung im Körpergefühl nach sich ziehen, die sich auf viele Bereiche des Lebens auswirken kann, auf Beziehungsqualität, Selbstakzeptanz, beruflichen Erfolg u. v. m.

Eine mögliche Erklärung für die Veränderung durch die intentionsfreie Fokussierung der Aufmerksamkeit auf das „was ist jetzt" könnte schlicht im Zulassen des Ist-Zustandes liegen. Was auch immer die Erklärung sein mag, derer es so viele gibt wie Schulen, die sich dieses Herangehens bedienen (Gestalttherapie, Atemtherapie nach Middendorf, Konzentrative Bewegungstherapie), das Innehalten, das nicht

---

167 Prengel, 1983, S. 20.

Verändern-Wollen, das Wahrnehmen ist für viele TeilnehmerInnen eine gänzlich neue, oft ängstigende, oft aber auch beglückende Erfahrung.[168]

Ich erlebe in meiner Arbeit immer wieder, dass über die Beschäftigung mit dem Körper, z. B. durch Atemarbeit, Tiefenentspannung und Bioenergetische Körperanalyse sehr schnell ein Zugang zu Erfahrungsinhalten und -erinnerungen hergestellt werden kann, der über reines Nachdenken teilweise nicht möglich ist. Besonders im SET-Block zum Thema Körper und Verstand (Body & Mind) wird ein Zugang zu diesen Anteilen gesucht.

Auch in der Körperarbeit greifen wir also auf ein Methodenrepertoire zurück, das auf verschiedenen Ansätzen basiert und das sich, wie es oft geschieht, in der Arbeit zu etwas Neuem und Eigenem geformt hat. Die angewandten Methoden entstammen sowohl der funktionalen und übungszentrierten Körpertherapie wie Atemtherapie – die von D. Jarzombek im SET entwickelte Atemarbeit wird „bewusstes Atmen" genannt –, progressiver Muskelrelaxation als auch konfliktorientierter, aufdeckender Methoden der Körperpsychotherapie wie Bioenergetischer Analyse, auch Körperdiagnose oder ‚Bodyreading' genannt.[169]

Weiter verwenden wir zentrierende und bewegte Meditationsmethoden, Massagen als Arbeit an Körperstrukturen sowie verschiedene Bewegungsformen, Körperausdruck und Tanz, um Prozesse der körperlichen Eigenwahrnehmung, der Erfahrung von Grenzen und Kontakt zu initiieren.

Unser Fokus ist dabei nicht so sehr die Ursache psychischer Störungen, sondern vor allem die Förderung oder Freisetzung persönlicher Potenziale. Dies ist m. E. kein Widerspruch, da sich, wie z. B. von F. Röhricht dargestellt, die Grundgemeinsamkeiten der meisten körperpsychotherapeutischen Schulen wie folgt identifizieren lassen:

---

168 Elsa Gindler (1885-1961), eine Leibpädagogin, von der nachhaltige Impulse auf viele Körpertherapie- und Atemschulen in Deutschland und Amerika ausgingen, wollte über das „Gewahrwerden", wie es bei ihr heißt, das Bewusstsein für den eigenen Körper wecken. Sie geht davon aus, dass die Wahrnehmung des eigenen ‚im Körper-Seins' einen umfassenden Zugang zur eigenen Persönlichkeit ermöglicht. Vgl. Röhricht 2000, S. 60. – ‚Gewahrwerden' wird meist mit Bewusstheit oder englisch „awareness" übersetzt und bedeutet die uneingeschränkte sinnliche Konzentration auf die jeweilige gegenwärtige Befindlichkeit. Das bewusste Erspüren oder „awareness" wurde von F. Perls als zentrale Körpermethode in die Gestalttherapie aufgenommen. Ebd., S. 61.
169 Röhricht 2000, S. 16.

- Der Körper und sein Erleben wird als wichtiges diagnostisches Medium zur Identifikation von z. B. Selbst-Potenzialen erachtet.
- Der Körperausdruck, die körperliche Spontanität und der Bewegungsfluss werden als Kommunikationsmedium herangezogen und therapeutisch genutzt.
- Die Bedeutung der gesunden Persönlichkeitsanteile und Ressourcen wird betont und im Körpererleben zu identifizieren gesucht.[170]

Die Blickrichtung im SET ist also eine etwas andere als die der Körperpsychotherapie. Unsere Frage ist zuallererst die nach dem ‚Wohin‘ und ‚Wozu‘ und weniger die nach dem ‚Woher‘. ‚Wozu‘ können die TeilnehmerInnen ihre im Leben gemachten Erfahrungen konstruktiv nutzen, ‚wohin‘ möchten sie sich entwickeln und welche früheren Erlebnisse bedürfen der Integration durch Bearbeitung, Akzeptanz und Lösung oder der Veränderung durch Umbewertung oder Rekonstruktion?

Die körperorientierten Trainingseinheiten finden bewusst im zweiten Jahr der Fortbildung statt, da sie ein hohes Maß an Vertrauen innerhalb der Gruppe voraussetzen. Sie stellen für eine ganze Reihe der TeilnehmerInnen eine besondere Herausforderung dar. Oft werden Themen wie Selbstakzeptanz („wie sehe ich aus?“, „was denken die Anderen von mir?“), Schüchternheit und Scham berührt.

In den Übungen sind TeilnehmerInnen oft besonders wach und beteiligt, gleichzeitig gibt es immer wieder TeilnehmerInnen, die in diesen Situationen besonders müde und abwesend wirken. Auch diese Reaktion kann als Ausdruck einer starken inneren Beteiligung verstanden werden, die sich auf eine andere Weise als durch Wachheit äußert; eine Interpretation, die sich in der Nachbearbeitung häufig als passend herausstellt.

Nach den Übungen findet die Gruppe vielfach zu einer neuen Vertrautheit. Die eigenen Ängste und die Ängste, Unsicherheiten, Verletzlichkeiten der anderen TeilnehmerInnen werden jetzt öfter als Potenziale, nicht mehr so sehr als Hindernisse erlebt und gesehen.[171]

---

170 Vgl. ebd., S. 23.
171 Gerade in ihrer Körperlichkeit erleben sich ja viele Menschen als unsicher und vulnerabel, daher sind ein geschützter Rahmen und eine Atmosphäre der Vertrautheit, Sicherheit und Offenheit wichtig und förderlich. Vgl. ebd., S. 20.

Die Arbeit mit dem Körper hat also etwas Unmittelbares und ist primär erlebnis- und erfahrungsorientiert. Es geht um Kontakt, Grenzen, Lust, Aversion und die Beziehung zum eigenen Körper. Dies alles sind Themen, die affektiv geladen sind, sie sind unmittelbar und nah am Menschen. Hieraus erklärt sich die hohe Dichte und Konzentration in diesen Seminarteilen.[172]

Um Erfahrungen aus der Körperarbeit ins Bewusstsein zu transferieren und sie nicht im Vagen, Unbegrifflichen zu belassen, werden sie – wie bereits weiter oben dargestellt – in Auswertungen versprachlicht. Dabei sind Deutungshilfen und Erfahrungsaustausch, erzählte Geschichten und eine entspannte Atmosphäre sinnvoll, um Erlebnisse zu verarbeiten, zu sortieren oder zuordnen zu können.

5.1.3.1. Atemarbeit – Bewusstes Atmen

Beispielhaft für ein Lernen mit dem eigenen Körper und durch die Auseinandersetzung mit dem eigenen Körper möchte ich hier noch einmal besonders auf die Atemarbeit eingehen.

Die Atemarbeit ist eine Form der Körperarbeit, die nicht in erster Linie therapeutischen Kontexten entstammt, sondern eher wahrnehmungs- und übungsorientiert ist und aus meiner Sicht besonders gut in ein Training zur Förderung persönlicher Potenziale passt.[173] Ich spreche hier von Atemarbeit im Gegensatz zu Atemtherapie, da im SET – wie beschrieben – der Fokus auf der Erfahrung bzw. ‚Erarbeitung‘ von Möglichkeiten und Ressourcen liegt und nicht vornehmlich auf der Bearbeitung von psychischen Leiden oder Störungen.

Atmung kann als Schnittstelle zwischen Physischem und Psychischem betrachtet werden, da sie sowohl „vegetativ-unwillkürlich" abläuft als auch „kortikal-willkürlich" beeinflusst werden kann.[174] Der Atem verbindet den Menschen mit seiner Umwelt. Gleichzeitig wirken äußere Einflüsse wie Schreck, Aufregung, Entspannung etc. auf die Atmung und den Atemrhythmus. „Es gibt keine Körperfunktion, die empfindlicher auf psycho-physische Veränderungen reagiert."[175]

---

172 Vgl. Marcel 1985 zit. n. Bulling 2001 und Röhricht 2000.
173 Vgl. Röhricht 2000, S. 64 ff.
174 Vgl. Röhricht 2000, S. 63.
175 Middendorf 1995 zit. n. Mehling 1999, S. 99.

„Vom ersten bis zum letzten Atemzug ist das Leben des Menschen mit seinem Atem verbunden. Meist unauffällig und selbstverständlich in seinem Ablauf, wird er bei besonderen Ereignissen plötzlich bewußt: in angenehmer Weise, wenn uns der Schritt ins Freie an einem klaren Sommermorgen zu einem tiefen Atemzug veranlaßt, in ganz anderer Weise, wenn eine sehr erschreckende Nachricht uns den Atem stocken läßt."[176]

Am stärksten merken wir die Atmung, wenn die Atemzufuhr gefährdet oder unterbrochen ist.

Durch die Lenkung des Bewusstseins auf die Atmung können Erfahrungen und Erinnerungen, Gefühle und Verstandesinhalte aus dem Leben aktiviert und bearbeitet werden. Bilder, Gedanken und Begriffe, die während des Prozesses auftauchen, werden in der SET-Atemarbeit eher im Hintergrund belassen, da der Aufmerksamkeitsschwerpunkt auf dem Erleben des Atems liegt. In der Atemsitzung wird das Bewusstsein also auf die Atembewegung gelenkt, auf die Ein- und Ausatmung. Hierbei geht es nicht um aktives oder suggestives Verändern, sondern um Wahrnehmung und Achtsamkeit (wie beim Thema „Gewahrsein" beschrieben). Auch wenn sich die Aufmerksamkeit an der bewussten Atmung orientiert, kommt es zu Verarbeitungs- und Selbstheilungsprozessen.

„Wer jemals vertiefte Erfahrungen in der Atemarbeit hat machen dürfen, ob Atemtherapie, Intuitives, Holotropes, Bewusstes Atmen oder was für eine Atemtechnik auch immer, wird festgestellt haben, dass die Intensität des Atems Auswirkungen auf innere Prozesse hat."[177]

In den vielen Schulen der Atemarbeit wird es als zentral angesehen, den persönlichen absichtslosen Atemrhythmus zu finden.[178] A. Lowen spricht davon, den Atem geschehen zu lassen, anstatt ihn zu steuern.[179] In der Atemarbeit spielt die gemeinsame Arbeit von Beisitzer und Klient, also die unterstützende, verstehende und führende Begleitung durch den Beisitzer eine grundlegende Rolle.[180] Das Erleben steht in dieser Arbeit im Vordergrund. Um es zu verarbeiten und zu integrieren, folgt dem Erleben ein behutsames ‚in Worte fassen' - also in Spra-

176 Müller-Braunschweig zit. n. Mehling 1999, S. VII.
177 Jarzombek 2003, S. 54.
178 Röhricht 2000, S. 65.
179 Vgl. Lowen 1991, S. 55.
180 Vgl. Fischer/Kemmann-Huber 1999, S. 18.

che, die dem Erleben eine Form gibt.[181] Auch freies Malen kann dem Erlebten eine Form geben und stellt einen Zugang zu eher symbolischen und bildhaften Ausdrucksformen dar.

Ein Grund, warum Atemarbeit für die Förderung persönlicher Potenziale hilfreich sein kann, ist die Erfahrung, dass Atmung und Energieniveau in einem engen Zusammenhang stehen, dass also eine positive Veränderung des Atems zu einer energetischen Aufladung des Körpers führen kann,[182] d. h. zu einer allgemeinen Erhöhung der eigenen Kraft.

Die Wirkungen der Atemarbeit können wie folgt zusammengefasst werden:

- Verbesserung der Körperselbstwahrnehmung und der körperlich-seelischen Ausgeglichenheit, der Wahrnehmung der Beziehung von Seelischem und Leiblichem,

- ein erweiterter Zugang zu seelischen und körperlichen Ressourcen und

- die Lösung von muskulären Verspannungen.[183]

Eine ausgeglichene Körperspannung, physische und psychische Wachheit, verbesserte Erlebnis- und Ausdrucksfähigkeit und Ressourcenaktivierung können hieraus resultieren.

5.1.3.2. *Atem als Selbstdiagnostikum in Gruppenleitung und Kommunikation*

Besonders für Pädagogen und andere Vortragende, auch in kommunikativen Berufen, kann der bewusste Umgang mit dem eigenen Atem sehr hilfreich sein. Zum einen als Schulung der Eigenwahrnehmung und als Selbstdiagnostikum, zum anderen als Chance für Veränderungen. Wenn man z. B. vor einer großen Gruppe steht und spricht, kann man merken, wann einem der Atem stockt, wann man atemlos wird

---

181 Vgl. Müller-Braunschweig zit. n. Mehling 1999, S. VIII.
182 Vgl. Lowen 1991, S. 50.
183 Das Wirkspektrum der Atemarbeit/Atemtherapie wurde von W.-E. Mehling durch eine deutschlandweite Befragung von AtemtherapeutInnen zusammengetragen. Mehling 1999.

etc. Indem man die Aufmerksamkeit auf den Atem lenkt, kann man beispielsweise durch tiefes Durchatmen oder eine Modifikation der Haltung eine Veränderung des eigenen Befindens herbeiführen.

5.1.4. Zusammenfassung

Aus der Erfahrung, dass vielseitige Lernzugänge die Förderung persönlicher Potenziale begünstigen können, hat sich im SET ein Ansatz entwickelt, der eine Verknüpfung von kognitiven, emotionalen und körperlichen Erfahrungszugängen durch unterschiedliche Lernformen anstrebt.[184] Weiterhin wurde deutlich, dass die Wirkung eines Trainings sich, wie gesehen, nicht primär durch Lernformen, Methoden oder bestimmte Ansätze entfaltet; die Wirkung eines Trainings hängt maßgeblich von den Personen ab, die es gestalten.

Abschließend ist anzumerken, dass die oben beschriebene Umsetzung der Erfahrungen im SET nur eine exemplarische sein kann, dargestellt an drei ausgewählten Lernformen. Eine Gesamtdarstellung des SET würde hier den Rahmen sprengen und ist auch nicht Inhalt der vorliegenden Arbeit.

5.2. Wirkung durch Personen

Was veranlasst Menschen dazu, sich freiwillig und selbstfinanziert auf ein zwei Jahre dauerndes Training einzulassen? Was bewegt sie dazu, sich in mehr oder weniger schwierigen Auseinandersetzungen mit sich selbst, der eigenen Geschichte und in einer Gruppe mit anderen Menschen zu befassen?

Diese Fragen können keine pauschale Beantwortung finden, da die Motivationen der TeilnehmerInnen zu kommen und ihre Beweggründe zu bleiben, vielschichtig und individuell sind. Trotzdem erscheint mir wichtig, mögliche Bezugspunkte hierfür herauszufinden.

---

184 M. Storch und F. Krause stellen im Züricher Ressourcen Modell (ZRM) anschaulich dar, dass die Verbindung dieser drei Zugänge (kognitiv, emotional und körperlich) für den Aufbau neuronaler Netze sehr wirkungsvoll und für das Erreichen selbstgesteckter Ziele von hoher Effektivität ist. Storch/Krause 2005.

5.2.1. Beziehung und Lernen

Einen herausragenden Stellenwert für die Wirksamkeit eines Trainings nimmt nach meinem Verständnis die zwischenmenschliche oder persönliche Beziehung zwischen TrainerInnen und TeilnehmerInnen ein. Es scheint mir angemessen zu sagen: Die Basis für gelingendes pädagogisches Handeln ist die persönliche Beziehung. Für diese Annahme finden sich, wie wir sehen werden, in der Literatur zahlreiche Belege. Mit persönlicher Beziehung ist im Kontext des SET nicht ein freundschaftliches Verhältnis gemeint, sondern ein direkter, authentischer Kontakt (Begegnung), der Qualitäten aufweist, die persönliches Lernen und Wachsen begünstigen können. V. Buddrus spricht in diesem Zusammenhang von der „Bedeutung der Zwischenmenschlichkeit" in Lehr-/Lernsituationen,[185] und Y. Maurer geht davon aus, „dass die Beziehung zu sich selbst und zu anderen grundlegend für die Gesundheit ist"[186].

H. Neubert unterstreicht die Bedeutung der Persönlichkeit des Lehrenden; er sagt: „Kaum ein Beruf ist so an die Person gebunden und von dieser beeinflusst wie der Beruf des Lehrers."[187] Auch H. Giesecke räumt dem Lehrer eine wichtige Rolle für das Lerngeschehen ein: „An der überragenden Bedeutung der persönlichen Dimension für die Vermittlung von Wissen, Einsichten und Verhaltensweisen kann es schon nach aller Lebenserfahrung keinen Zweifel geben."[188]

Was kennzeichnet Beziehungen zwischen TrainerInnen und TeilnehmerInnen? Lassen sich am Beispiel des SET grundlegende Merkmale dieser Beziehung ableiten?

Auch diese Frage ist, wie die nach der Motivation (s.o.), nicht pauschal zu beantworten. Und zwar aus den selben Gründen: Beziehungen gestalten sich, ihrem Wesen nach, individuell. Deshalb seien hier nur einige Gesichtspunkte angeführt, die Qualitäten von Beziehungen sein können: Vertrauen, Offenheit, Akzeptanz, Konfrontations- und Kritikfähigkeit.

Die Formen von Beziehungen im Training umfassen verschiedene Aspekte:

---

185 Buddrus 1995, S. 49.
186 Maurer 1993, S. 31.
187 Neubert 2000, S. 61.
188 Giesecke 1997, S. 255.

- **dynamisch:**
  Wechselbeziehung; kann von beiden Seiten gestaltet und verhandelt werden; ist insofern offen, erfordert Bereitschaft sich einzulassen.

- **asymmetrisch:**
  Die pädagogische Differenz von Zeigen und Lernen konstituiert die pädagogische Situation[189] und beinhaltet in Bezug auf das Lernen ein Gefälle.[190] Die Beziehung ist in Teilen asymmetrisch, da die TrainerInnen und die TeilnehmerInnen unterschiedliche Rollen, Funktionen,[191] Aufgaben und Ziele im Training haben.

- **symmetrisch:**
  Die Beziehung zwischen TrainerIn und TeilnehmerIn ist auch horizontal und kooperativ; gemeinsame Lösungswege werden erarbeitet.

Im Konzept des SET ist intendiert, dass sich Menschen – ähnlich wie in der integrativen Pädagogik – jeweils als ‚ganze‘ Personen begegnen: dass auch die TrainerInnen als Mensch sichtbar und fühlbar sind, dass sie sich selber als Lernende begreifen und „ihre eigenen Lernerfahrungen bewußt in die Wahrnehmung und Gestaltung von Lehr-/Lernsituationen mit hinein nehmen"[192].

Die Beziehungen werden gestaltet durch die beteiligten Menschen und besonders durch die GruppenleiterInnen. In dem gesamten Geschehen der Fortbildung kommt also den TrainerInnen eine wichtige Bedeutung zu, ihrer Persönlichkeit und Fähigkeit, Beziehungsräume zu gestalten, die unterstützend wirken und Prozesse der persönlichen Entwicklung der TeilnehmerInnen fördern.

Wenn die Inhalte eines Trainings nicht sach-, sondern persönlichkeitsbezogen[193] sind, dann ist die Persönlichkeit des Trainers oder der

---

189 Prange 2005, S. 92.
190 In Anschluss an J. Reder könnte man den pädagogischen Bezug zwischen TrainerInnen und TeilnehmerInnen als ungleiches Gleichgewicht beschreiben. Sie geht von einem Vorsprung an fachlichem Wissen und spezifischen Erfahrungen aus, betont aber die Gleichheit der beiden als Personen mit gleichen Rechten und Pflichten als Werdende, „die sich in der Begegnung mit Menschen und Situationen bewähren müssen". Reder 2004, S. 229.
191 Mögliche Rollen oder Funktionen können sein: LehrerIn, BegleiterIn und BeraterIn, Vorbild, Orientierungshilfe.
192 Buddrus 1995, S. 42.
193 Vgl. Kapitel 2, Ausführungen zum Begriff persönlichkeitsorientiertes Training.

Trainerin umso zentraler. TrainerInnen – man könnte an dieser Stelle auch LehrerInnen, GruppenleiterInnen etc. einsetzen – haben grundsätzlich nicht nur fachlich, sondern auch in ihrer Persönlichkeit und ihrem Verhalten einen gewissen Vorbildcharakter.[194]

Dem Vorbildcharakter ihrer Persönlichkeit und ihres Verhaltens kommt in persönlichkeitsbezogenen Trainings eine umso stärkere Bedeutung zu: Sie haben Vorbildcharakter in ihrer Beziehungsfähigkeit zu sich selber und zu anderen, in ihrer Haltung gegenüber KollegInnen und TeilnehmerInnen (wertschätzend, achtsam, respektvoll) sowie in ihrer Erlebnisfähigkeit und ihrer Ausdruckskraft. Werden die Ziele des Trainings authentisch (vor-)gelebt und haben TrainerInnen selber Erfahrungen mit den Methoden[195] oder das SET-Training selber durchlaufen – was meist der Fall ist –, können sich die TeilnehmerInnen an ihnen, ihrer (Persönlichkeits-)Entwicklung und ihrem privaten oder beruflichen Werdegang orientieren. Die beschriebenen Faktoren spielen im SET-Kontext eine zentrale Rolle, denn es geht im SET ja im Wesentlichen um persönliches Wachstum, Persönlichkeitsentwicklung und Entfaltung eigener Ressourcen.

Wie schaffen es TrainerInnen, einen Rahmen zu gestalten, der Räume für persönlich bedeutsame Entwicklungen eröffnet, neugierig macht und Menschen ermutigt, sich auf eine doch auch wagnisvolle Reise zur eigenen Persönlichkeit und zur eigenen Geschichte zu begeben? Wie können sie komplexe Anforderungen und Trainingsstrukturen so gestalten, dass sie persönliches Wachstum ermöglichen und soziale Kompetenzen der TeilnehmerInnen fördern?[196]

---

194 Vgl. Reder 2004, S. 221 u. 232.
195 „Der Umgang mit Entspannungstechniken, erlebnisaktivierenden Methoden und auftauchenden Konflikten muss erfahren, also einverleibt werden, um verantwortlich damit umgehen zu können. Anderenfalls besteht die Gefahr, dass mit ein paar ‚Psychotechniken' der Unterricht (das Training) kurzzeitig interessant gemacht wird, an den grundlegenden Problemen von Entfremdung, Fragmentisierung und Kontaktstörungen aber nichts geändert wird. Zumal das Sich-Einlassen auf Prozesse lässt sich u. E. vor allem durch das Vorbild von LehrerInnen (TrainerInnen) lernen." Luca/Winschermann: „Gestaltpädagogik – Die Wiederentdeckung des Nicht-Machbaren". In: Buddrus 1995, S. 113.
196 H. Giesecke betont, dass sich die Definition der Beziehung zwischen LehrerInnen und SchülerInnen (TrainerInnen und TeilnehmerInnen) verändert. Sie ist ein historisches und kulturelles Phänomen, sie ist mitbestimmt von außersubjektiven Faktoren wie dem Zweck der Institution und vom sozio-kulturellen Milieu. Vgl. Giesecke 1997, S. 13. – Diese Aspekte sind wichtig, führen aber über den Kontext dieser Arbeit hinaus und werden deshalb an dieser Stelle nicht weiter ausgeführt.

5.2.2. Kompetenzen der TrainerInnen

Ausgehend von der Hypothese, dass persönliches soziales, emotionales und theoretisches Lernen wesentlich durch Beziehungen, d. h. durch die Interaktion der Beteiligten stattfindet, stellt sich die Frage, was TrainerInnen können sollten und welche Kompetenzen sie haben sollten, damit sie sowohl die beschriebenen Wirkprinzipien (Kapitel 4) als auch die Lernformen (Kapitel 5.1) erfolgreich vermitteln können.

Auf einige Aspekte und innere Haltungen, welche die Beziehung gestalten, möchte ich im Weiteren eingehen. Der Fokus ist im folgenden Abschnitt besonders auf die Persönlichkeit der Lehrenden und ihre pädagogischen Kompetenzen gerichtet, durch die sie in Beziehung zu den TeilnehmerInnen treten.

Durch die fachlichen, sozialen und personalen Kompetenzen gestalten die TrainerInnen die zwischenmenschlichen Beziehungen zu den TeilnehmerInnen nach ihrem Vermögen. In wertschätzenden Beziehungen wird ein persönlichkeitsbezogenes Lernen begünstigt.

Da die Ausführung der Kompetenzbereiche, die in einem Training und in anderen pädagogischen Settings zum Tragen kommen, über das Volumen und das Anliegen dieser Arbeit hinausführen, werde ich exemplarisch vier Kompetenzbereiche aufgreifen, die weniger fachliche, didaktische und methodische Bereiche betreffen,[197] sondern eher in der sozialen und emotionalen Beziehungsgestaltung zwischen TrainerInnen und TeilnehmerInnen von Bedeutung sind.

Diese vier Kompetenzbereiche sind:

· Zugewandtheit

· Lern- und wachstumsförderndes Klima

· Pädagogisches Handlungsrepertoire und dramaturgische Fähigkeiten

· Führungskompetenzen

---

197 Hierzu ausführlich: „Lehrkompetenzenstern" (Neubert 2004) sowie „Zehn Merkmale guten Unterrichts" (Meyer 2004) u n d „Für Lehrer erforderliche Fähigkeiten" (Loch 1990).

B. Dewe nennt diese speziellen pädagogischen Kompetenzen „Interaktions- und Situationswissen"[198]. Ob und wie weit solche Kompetenzen erlernbar sind, ist eine wichtige Frage, auf die ich im Kapitel 6 noch weiter eingehen werde. Als Hauptbezugspunkte für die Erweiterung pädagogischer Kompetenzen werden – neben der Aneignung theoretischer und fachlicher Kompetenzen – Übung, Selbsterfahrung und berufsbezogene Selbstreflexion diskutiert.[199] Aus diesem Grund stellt K.-O. Bauer die Person des Pädagogen in den Mittelpunkt seiner Betrachtung einer professionellen pädagogischen Ausbildung.[200] In ihren Überlegungen zu einer „Integrativen oder Humanistischen Pädagogik" sprechen V. Buddrus und W. Pallasch von der „Ganzheit der Lehrenden". Und:

> „In allen Ansätzen zur Humanistischen Pädagogik wird auf Persönlichkeitsbildung der PädagogInnen großer Wert gelegt (...): ihr wird (...) die ‚eigentliche' Wirksamkeit in der Umsetzung der durch den Ansatz zur Verfügung gestellten Ressourcen zugeordnet. Viele Ansätze strecken deshalb auch ihre Ausbildung über viele Jahre, um dem persönlichen Wachstumsprozess Zeit zu geben."[201]

Nach Einschätzung der Autoren „setzt ein dialektischer Interaktionsprozess zwischen bisher entwickelter Persönlichkeit und den Anregungen und Anforderungen des jeweiligen Ansatzes ein"[202]. Jeder Pädagoge (Trainer) hat unterschiedliche Ausbildungen und Zusatzqualifikationen und integriert sie, je nachdem was zu ihm passt und was das eigene Wirken vielfältiger, tiefer macht.[203]

Die Wichtigkeit der Persönlichkeitsbildung, des persönlichen Wachstums von Pädagogen wird hier also betont. Persönliches Wachstum entsteht nach Buddrus/Pallasch in einem reflexiven und integrativen Aufeinander-Beziehen der eigenen Lebens- und Berufserfahrung auf Ausbildungsinhalte etc. Diese Prozesse brauchen nach ihrem Verständnis Zeit.[204]

---

198 Dewe: „Das Professionswissen von Weiterbildnern: Klientenbezug – Fachbezug". In: Combe/Helsper 1996, S. 714.
199 Buddrus 1995; Pallasch 1995; K.-O. Bauer (1999) 2005.
200 Vgl. K.-O. Bauer 1999, S. 12.
201 Buddrus/Pallasch: „Annäherung an Integrative Pädagogik". In: Buddrus 1995, S. 25.
202 Ebd.
203 Ebd., S. 27.
204 Aus ähnlichen Erfahrungen und Überlegungen hat sich ein Ausbildungskonzept für SET-TrainerInnen entwickelt, das über viele Jahre geht und in verschiedene Phasen (genauer siehe Kapitel 3.5) gegliedert ist und Selbsterfahrung, Reflexion und Übungsphasen beinhaltet.

Zurück zur Ausgangsfrage dieses Kapitels: Wie und wodurch gestalten sich Beziehungen, die begünstigend wirken auf Lern- und Entwicklungsprozesse im SET und welche pädagogischen und personalen Kompetenzen können hierbei förderlich sein?

5.2.2.1. Zugewandtheit

Eine wesentliche Fähigkeit in jedem pädagogischen Kontext ist nach meiner Erfahrung die Zugewandtheit der TrainerInnen zu jedem der TeilnehmerInnen als einzigartigem Menschen, eine Haltung der Annahme, Aufmerksamkeit und Wertschätzung. Durch diese Haltung kann sich bei den TeilnehmerInnen eine Unterscheidung der Wahrnehmung zwischen seinem Mensch-Sein (also ihm als Person) und seinem Verhalten (Tun) entwickeln. Eine Folge dieser Unterscheidung ist, dass Menschen nicht auf ihre Aktionen reduziert und daran gemessen werden. Wenn die TeilnehmerInnen ungeteilte Annahme erfahren, wenn nicht jede ihrer Aktionen (Handlung/Tun) eine voraussehbare Reaktion bei den TrainerInnen hervorruft, führt das oft zu mehr Mut und Freiheit und zu größeren Handlungsspielräumen.

Man kann diese innere Haltung als eine Zugewandtheit umschreiben, die frei von Bedingungen ist. Sie ist einer stoischen Haltung insofern ähnlich, als sie einen gewissen Gleichmut beinhaltet, eine Unbeirrbarkeit in der Annahme des Anderen. Man kann diese innere Haltung auch als einfühlsam, offen und interessiert am Gegenüber umschreiben. Die Erfahrung ist jedenfalls, dass diese Haltung es mir in meiner Funktion als Gruppenleiterin erleichtert, die Sinne offen zu halten für die situativen Feinheiten und Nuancen des Gruppengeschehens. Es ist hier keinesfalls eine kritiklose Umgangsart gemeint, eher eine wertschätzende Haltung, die Kritik oder Konfrontationen als unabdingbar einbezieht, dabei aber nicht das Gegenüber als Person abwertet. Das Verhalten eines Menschen kann kritisiert werden, der Mensch in seinem Sein bleibt davon unberührt.

5.2.2.2. Lern- und wachstumsförderndes Klima

Wenn man nach den wichtigsten Aufgaben von TrainerInnen fragt, so könnte man diese nach K.-O. Bauer vereinfacht auf folgende Bereiche reduzieren: „einen Raum für Erfahrungen, Entscheidungen und

Lernen zu schaffen und in diesem Raum den Ton anzugeben"[205]. Das Entscheidende – und dabei nicht Planbare – ist das Zusammenspiel zwischen der Situation, den einzelnen TeilnehmerInnen, der Gruppe, dem Rahmen und der Gruppenleitung. Wie ist der Ton, wie sind die Umgangsformen? Fühlen sich die Beteiligten wohl in ihrer Haut, fühlen sie sich wertgeschätzt und respektvoll behandelt? Sind die Lernangebote interessant, fühlen sich die Beteiligten eingeladen sich einzubringen und angeregt? Aus zahlreichen Untersuchungen zu einem lernfördernden Klima ist hervorgegangen, dass Freundlichkeit, Humor und Heiterkeit entscheidend sind für erfolgreiche Lernprozesse.[206]

„Um Ressourcen zu stärken und nutzen zu können, ist eine Lernatmosphäre notwendig, die Misstrauen, Angst, Druck und Konkurrenz vermeidet. Lernende, die sich selbst unterstützen können, verlassen sich mehr auf ihre eigenen Wahrnehmungen und verhalten sich unabhängiger (vergleichbar mit dem Postulat ‚Sei dein eigener chairman' in der TZI) ohne dabei egozentrisch zu sein."[207]

Diese Umgangsformen werden, so schreiben R. Luca und M. Winschermann weiter, durch die TrainerInnen eingeführt, durch ihre eigene Haltung, ihr eigenes Verhalten. „Die Lehrperson ist diejenige, die das Klima schafft, in dem die Lernenden spüren, dass sie ihre Energie einsetzen, um sich selbst in der Bezogenheit auf andere in ihrer Entwicklung zu unterstützen."[208]

5.2.2.3. Pädagogisches Handlungsrepertoire und dramaturgische Fähigkeiten

In komplexen pädagogischen Situationen bedarf es eines Verhaltensrepertoires, das eine Verbindung von Fachwissen, professionellen Kompetenzen und einem aus dem eigenen Leben geschöpften persönlichen Erfahrungswissen herstellt. Es bedarf demnach in der Interaktion zwischen LehrerIn und SchülerIn (TrainerIn, TeilnehmerIn etc.) eines facettenreichen Verhaltensrepertoires, um differenziert und nuancenreich auf TeilnehmerInnen oder Situationen einzugehen und diese Situationen als Lernmöglichkeiten zu gestalten und nutzbar zu

---

205 K.-O. Bauer 1999, S. 25.
206 Vgl. Neubert 2004, S. 57; Meyer 2004, S. 47.
207 Luca/Winschermann: „Gestaltpädagogik – Die Wiederentdeckung des Nicht-Machbaren". In: Buddrus 1995, S. 105 ff.
208 Vgl. ebd., S. 111.

74

machen, um dann wiederum verschieden auf die TeilnehmerInnen in unterschiedlichen Situationen und verschieden auf die unterschiedlichen TeilnehmerInnen einzugehen.

Berufliches Handeln in komplexen Lehr-/Lernsituationen kann nicht unter technischen Gesichtspunkten rekonstruiert werden. Es ist ein gemeinsames Handeln aller Beteiligten, geprägt von Unwägbarkeiten und Überraschungen und dadurch nur begrenzt planbar. Es setzt sich aus einer Vielzahl von Einflüssen zusammen. Stimmungen oder Ereignisse können rasch wechseln, und Momente von Erkenntnissen oder wichtigen Erfahrungen sind teilweise flüchtig. Entsprechend gehören auch situative Flexibilität und improvisatorisches Können zum pädagogischen Handeln. K.-O. Bauer verwendet den Begriff *„pädagogisches Handlungsrepertoire"*[209] und bezeichnet damit Handlungsmuster, die auf hoch verdichteten Wissensbeständen basieren und während der Handlungsausführung nicht vollständig ins Bewusstsein gelangen. „Die Handlungsabfolgen sind geübt und wirken auf den Betrachter gekonnt."[210] Das pädagogische Handlungsrepertoire ist, so K.-O. Bauer weiter, „individuell und führt zu einem persönlichen Stil"[211]. Dieser Stil habe etwas mit der eigenen Identität und der eigenen Biografie zu tun: Fähigkeiten erwachsen aus Anforderungen und Begebenheiten des eigenen Lebens und erweitern sich durch berufliche Erfahrungen.

Wichtige Verhaltensformen der TrainerIn können sein: Klarheit, Strukturiertheit, Wahrnehmungsvermögen, Empathie und Interesse.

Im Gegensatz zu K.-O. Bauer möchte ich ergänzen, dass nicht in jeder Trainingssituation alle Handlungsabfolgen gekonnt wirken. Weder können sie das nach meinem Verständnis noch erscheint es mir erstrebenswert. Gerade in einem Training, in dem die Förderung und Umsetzung eigener Möglichkeiten und Ziele der TeilnehmerInnen im Vordergrund stehen, scheint es mir von Bedeutung, dass auch TrainerInnen offensichtlich fehlbar bleiben, unsicher sein können und auch einmal nicht weiter wissen. Denn was wäre das für ein Menschenbild: Auf der einen Seite die perfekten TrainerInnen und auf der anderen Seite die noch nicht perfekten, fehlbaren TeilnehmerInnen. Viel

---

209 K.-O. Bauer 1999, S. 13.
210 Ebd.
211 Ebd.

wichtiger erscheint es mir, einen offenen und entspannten Umgang mit der eigenen Fehlbarkeit zu erlangen. Das wäre dann ein Verständnis von Professionalität, das ich ‚human‘ nennen möchte. In dem Sich-Einlassen auf Unwägbarkeiten wären solche TrainerInnen, LehrerInnen und GruppenleiterInnen auch Vorbild.

Neben einem vielseitigen Handlungsrepertoire spielen gestalterische und dramaturgische Fähigkeiten eine wichtige Rolle im pädagogischen Handeln. Sie können das Geschehen bereichern, den Spannungsbogen eines Trainingstages oder einer Trainingswoche aufbauen und Persönlichkeitsentwicklung zu einer wirklich spannenden Unternehmung machen. Dramaturgische Fähigkeiten bereichern Lehr-/Lernsituationen und können sie spielerisch und einladend, herausfordernd oder interessant werden lassen.

Dramaturgische Fähigkeiten können beschrieben werden als: Inszenieren, Aufführen und Darstellen.[212] Sie sind wichtige Aspekte der Gestaltung von pädagogischen Situationen. Hierbei spielen der Gebrauch der Stimme mit ihren Nuancen, die Körperhaltung, Gesten und Mimik eine wichtige Rolle.

Die Schulung und Erweiterung der Wahrnehmungsfähigkeit[213] helfen mir als Trainerin, Stimmungen in der Gruppe wahrzunehmen, sie aufzugreifen und darauf zu reagieren, z. B. durch das Verstärken einer Tendenz, durch eine Pause, durch eine gegenläufige Reaktion oder humorvollen Umgang.

Die Fähigkeit der situationsadäquaten Reaktion durch Stimmigkeit von Inhalt, Situation und Atmosphäre kann ein lernförderndes Klima unterstützen. Das Einführen von Regeln und der Einsatz von Ritualen können den Rahmen von Trainingseinheiten gestalten und werden auch im schulischen Kontext verstärkt miteinbezogen.[214]

---

212 Ausführlicher zur Dramaturgie des Unterrichts: „Lehrkompetenzen, Dramaturgie und Unterrichtsentwicklung". Neubert 2004, S. 43 ff.

213 Die Lernformen (Kapitel 5.1) gehen einher mit Wahrnehmungsübungen und Wahrnehmungsschulung, besonders durch Feedback, Reflexion und Übungen zur emotionalen, geistigen und körperlichen Selbstwahrnehmung. Arbeitsbegleitende Supervision ist eine weitere Wahrnehmungsschulung, wenn man Supervision wie H.-U. Thiel als „regelgeleitete Reflexion beruflichen Handelns" versteht. Thiel 1994., S. 25. – H. Aurer differenziert Wahrnehmung in: Sinnliche, geistige und Selbstwahrnehmung als „selbstreflektive Lernhaltung". „Wahrnehmen ist mehr als die Tätigkeit unserer Sinne." Aurer 1995, S. 61. – Wahrnehmung sei ein „Akt der Bewusstwerdung" und Aufmerksamkeit ein Wesenszug unserer Wahrnehmung. Ebd., S. 62.

214 Vgl. Meyer 2004, S. 37.

5.2.2.4. *Führungskompetenzen*

Führungskompetenzen in der pädagogischen Arbeit können definiert werden als Kompetenzen im Gestalten, Entscheiden, Anleiten, Einflussnehmen. Sie haben Vorbildcharakter.[215] Außerdem braucht es Mut, Bereitschaft zur Verantwortungsübernahme und Entscheidungsfreude.

Nach meiner Erfahrung erfordert es Mut, den TeilnehmerInnen z. B. Feedback und Mittelpunktübungen zuzumuten, sie zu fordern, dissonante Situationen auszuhalten und gruppendynamische Engpässe durchzustehen und sie vielleicht als kreative Lernprozesse zu begreifen. Im Trainingsverlauf ist eine Klarheit der Aufgaben, der Funktionen und der Rollen der Beteiligten hilfreich.

Klarheit der Rolle bedeutet in diesem Kontext, dass während des Trainings eine Rollendifferenzierung von TrainerInnen und TeilnehmerInnen erkannt und akzeptiert wird.[216] Eine vorhandene Rollenklarheit kann Orientierung und Raum geben, weil sie Ruhe und Sicherheit für die TeilnehmerInnen schaffen, um an ihren Themen und Zielen zu arbeiten, ohne sich dabei um strukturelle Belange kümmern zu müssen.

5.3. *Die Kompetenzerweiterung der TeilnehmerInnen*

Das Thema der Kompetenzerweiterung der TeilnehmerInnen kann an dieser Stelle nur ansatzweise beleuchtet werden, auch wenn es für die Relevanz eines Trainings von zentraler Bedeutung ist. Die Anregungen, Impulse und Veränderungen in den verschiedenen Trainingsteilen sind so vielfältig und durch so viele unterschiedliche Faktoren bedingt, dass diese Betrachtung angemessen nur im Rahmen einer eigenen Arbeit angestellt werden könnte. Für eine aussagekräftige Evaluierung des Trainings würde es eines umfassenden Forschungsprojektes bedürfen. Ich muss in meiner Bilanzierung auf dieses Arbeitsmaterial verzichten und mich auf einige Textquellen, meine Beobachtungen, Auswertungsrunden und Gespräche mit TeilnehmerInnen beschränken. Auch nach dem Ende des Trainings besteht zu einigen Kontakt, so dass es Rückmeldungen zu den längerfristigen Auswirkungen gibt.

---

215 Vgl. Neubert 2004, S. 53-56.
216 Vgl. Meyer 2004, S. 29.

Da die Kompetenzerweiterung – der Rückschluss auf die Lebensrealität der TeilnehmerInnen – ein, wenn nicht *das* fundamentale Kriterium für die Qualität der eigenen beruflichen Tätigkeit ist und die Selbstreflexion ein zentraler Bestandteil pädagogischer Kompetenz, möchte ich an dieser Stelle in aller Kürze einige Gedanken über die Relevanz und Wirksamkeit eines Ansatzes wie dem SET anschließen.

5.3.1. Individuelle und gesellschaftliche Perspektiven

Was haben die Menschen von einem Training wie dem SET? Und ist die starke Konzentration auf das Individuum angemessen?[217] Werden Menschen gefühlsreicher und stressärmer? Nehmen die Beteiligten auch ein Stück Erfahrung mit in ihr Leben, in ihre Beziehungen, ihre Familien, an ihren Arbeitsplatz? Und was passiert dann dort? Verändert sich etwas in den Beziehungen, in den Familien, in den Arbeitsprozessen? Verändert sich die Gesellschaft durch solche Lernprozesse? Oder werden die Mitglieder einer ehemaligen Trainingsgruppe später noch unglücklicher, weil sie die Belastungen des Lebens und der Arbeit noch schlechter aushalten als vorher, da sie sensibler und offener in ihrer Wahrnehmung sind? Ziehen sie sich deswegen aus dem Leben zurück in weltferne Selbsterfahrungsgruppen, wo sie ein- bis zweimal pro Monat „ganz sie selbst sein können"[218]?

Die erste Antwort auf diese Fragen lautet: Hoffentlich werden die Menschen gefühlsreicher! *Ein* idealtypisches Ziel könnte eine Intensivierung des Gefühlserlebens sein, im Gegensatz zu einer Erleichterung des Lebens allgemein. Das Leben wird bestimmt nicht leichter oder gänzlich anders durch ein Training wie SET, aber die Menschen werden vielleicht mit den Anforderungen und Zumutungen des Lebens anders umgehen können. Das heißt nicht, dass der Stress abnimmt, aber der Umgang mit diesem könnte sich verändern. Hoffentlich werden die Menschen nicht weltentfremdet und egozentrischer! Hoffentlich nutzen die TeilnehmerInnen ihre Erfahrungen und ihr Wissen nicht ausschließlich zur reinen Selbstbeglückung, sondern finden

217 Dies ist ein Kritikpunkt an der Humanistischen Psychologie und an personenorientierten Gruppentrainings. Vgl. Scheidt 1998, S. 119.
218 Scheidt 1998, S. 120.

einen Transfer in ihr privates, soziales und gesellschaftliches Leben.[219] Ein gelingender Transfer ist unsere Intention, deswegen legen wir auf den Transfer großes Gewicht.[220] Hoffentlich erweitern die TeilnehmerInnen ihre Wirksamkeit im Leben, unterstützen andere Menschen in ihrer Entwicklung und übernehmen Verantwortung in sozialen Kontexten.

Eine wichtige Frage, die sich im Zusammenhang mit Persönlichkeitsentwicklung, also mit persönlichem Wachstum und Erweiterung der eigenen Möglichkeiten stellt, ist die nach der gesellschaftlichen Relevanz.[221] Ist es sinnvoll und hilfreich, dass der einzelne Mensch zufriedener wird und sich in seiner Beziehungsfähigkeit übt? Nach Scheidt[222] sind Veränderungen der Gesellschafts- oder Sozialstrukturen häufig nur dann möglich, wenn die Menschen im Rahmen von Lerngruppen ihre sozialen Fähigkeiten so weit entwickelt haben, dass gesellschaftliche oder soziale Veränderungen vorstellbar sind und vom Einzelnen gelebt werden können.[223] Ich denke, dass durch ‚mikrokosmische‘ Übungsräume in ‚laborartigen‘ Lernkonstellationen Erfahrungen gemacht und Umgangsformen geübt werden können, die auch eine Wirkung auf die umliegenden Beziehungsnetzwerke entfalten. Damit wäre auch der Vorwurf der Nabelschau in personenorientierten Trainings relativiert.

Eine ehemalige Teilnehmerin resümiert:

„Diese (...) Ausbildung hat in mir ein tiefes Bewusstsein meiner Fähigkeiten begründet, hat mein gesellschaftspolitisches Denken geprägt, hat meine Verantwortung für das Gemeinwohl gestärkt und mich zu einem Menschen geformt, der

---

219 Zum Thema: „Individuelle und gesellschaftliche Folgen und Bedeutungen" des SET vgl. Titzck: „Therapie und Training". In: Strohschein/Jarzombek/Weigle 2003, S. 109-121.

220 „Mit dem Begriff >Transfer< wird die Übertragung dessen, was im Rahmen einer Maßnahme der Erwachsenenbildung gelernt wurde, auf berufliche und/oder private Alltagssituationen bezeichnet." Storch/Krause 2005, S. 19 ff. – Im SET verwenden wir synonym auch den Begriff ‚Transformation‘, der die Umsetzung der Erfahrungen und Lerninhalte aus dem Training in das Leben bezeichnen soll.

221 D. Jarzombek hebt hervor, dass es in der Begleitung und Beratung von Menschen nicht ausschließlich darum geht, Menschen in ihrer persönlichen Entwicklung zu stärken. Es geht auch darum, Menschen darin zu unterstützen, mit den „Zumutungen unserer Gesellschaft fertig zu werden, den Herausforderungen des Lebens mutig entgegen zu treten, sich den eigenen und den umgebenden Problemen zu stellen". Jarzombek 2006, S. 49.

222 Scheidt 1998.

223 Scheidt 1998, ebd., S. 121.

es gewahr ist, dass alle Menschen und Geschöpfe miteinander verbunden sind, dass die Entwicklung eines einzelnen gleichzeitig eine Bedeutung für die kollektive Entwicklung hat."[224]

Ein Trainer fasst zusammen:

„Viele der ehemaligen Teilnehmer aus den bisherigen SET-Gruppen sind inzwischen zu erfolgreichen Mitgliedern in der Gesellschaft geworden. Ob das ausschließlich am SET lag ist empirisch natürlich nicht nachweisbar. Dennoch lässt sich beobachten, dass diese Menschen eine Reife und Tiefe in ihrer Persönlichkeit erlangen, die es ihnen erlaubt, auch in schwierigen gesellschaftlichen, beruflichen und privaten Konstellationen angemessen, verantwortlich und wirkungsvoll zu agieren."[225]

5.3.2. Eigene Beobachtungen und Erfahrungen

Nach zehn Fortbildungsgruppen, die ich bisher erlebt, das heißt durchlaufen, betreut und geleitet habe, kann ich kein einheitliches Bild wiedergeben. Die TeilnehmerInnen kommen mit zu unterschiedlichen Lebensgeschichten, Voraussetzungen und Zielen. Bei vielen Menschen entfaltet das Zusammenspiel von Methoden, Gruppenkohäsion, Beziehungsstrukturen und persönlicher Auseinandersetzung eine nachhaltige Wirkung. Nach meiner Einschätzung spielt die Präzisierung eigener Wünsche und Ziele vor Trainingsbeginn dabei eine entscheidende Rolle. Mögliche Wünsche und Ziele waren:

· Eine Vertiefung des Gefühlserlebens

· Den Sinn im eigenen Dasein erkennen

· Verantwortung im Leben übernehmen

· Das Erkennen und Nutzen eigener Fähigkeiten

· Verwirklichen eigener Lebensziele, privat oder beruflich

· Vertrauen in sich und andere haben

Eines der wirksamsten Mittel in der Verwirklichung eigener Wünsche ist nach meinen Erfahrungen die eigene Motivation und das Sich-

---

224 Brauer 2003, S. 22.
225 Titzck: „Therapie und Training". In: Strohschein/Jarzombek/Weigle 2003, S. 119.

Einlassen. Eine weitere wichtige Grundlage ist die Klarheit über die eigenen Wünsche und Ziele.

Wenn diese Basis vorhanden ist und sich die Einschätzung der eigenen Möglichkeiten realistischer gestaltet, kann viel bewegt werden.

Eine große Zahl von Entwicklungen konnte auf den Weg gebracht werden, und manches gelang nicht. Für viele TeilnehmerInnen war und ist SET eine sehr wirksame Fortbildung, für andere veränderte und verändert sich weniger.

Insgesamt möchte ich behaupten, dass durch eine Verbindung von persönlichen, sozialen und sachlichen Lernzugängen eine Erweiterung von persönlichen, sozialen und sachlichen Kompetenzen möglich ist. Allerdings ist Lernen immer eine Leistung, die nur von jedem Einzelnen vollbracht werden kann. Das meint: Lernen kann man nur selber, nicht für einen anderen Menschen. Deswegen ist Lernen auch nicht *machbar*.

5.3.3. Exkurs zum Thema Machbarkeit

Man kann nicht ‚machen‘, dass andere lernen, denn „Lernen ist unvertretbar-individuell"[226]; man kann sich beim Lernen nicht vertreten lassen, man kann nur selber lernen.

Wir können vorher nicht wissen, höchstens manchmal ahnen, welchen persönlichen Zugang einzelne TeilnehmerInnen zum Thema haben, welches ihre besonderen Potenziale sind, ihre Widerstände, Handlungsimpulse usw. Ihren persönlichen Zugang finden, ihn ausdrücken, Informationen integrieren und damit den eigenen Horizont erweitern können nur die Lernenden selbst. Das heißt, dass jede Planung nur vorläufig sein kann: Lernen ist nicht vorher machbar, es entsteht im Einzelnen und in der Gruppe. Diese zeitweilige Unsicherheit ist immer wieder einzugehen.[227] Hiermit sollen Grenzen der Machbarkeit von Lernen und Trainingskonzepten aufgezeigt werden.

---

226 Prange 2005, S. 88.
227 Vgl. Luca/Winschermann: „Gestaltpädagogik – Die Wiederentdeckung des Nicht-Machbaren". In: Buddrus 1995, S. 111.

6.   Aspekte pädagogischer Professionalität

Im Verlauf dieser Arbeit hat sich die Bedeutung der theoretischen Reflexion der eigenen Tätigkeit für die berufliche Entwicklung im Sinne einer Professionalisierung herausgestellt. Das heißt, es wurde entsprechend des eingangs dargelegten Paradigmas des SET, welches die Möglichkeit, sich im Leben weiter zu entwickeln und sich also auch (berufs)biografisch entwickeln zu können, impliziert, *ein* eventueller Weg aufgezeigt, welche Form diese Entwicklung haben kann. Denn das, was K.-O. Bauer für die Lernenden als konstitutiv für Lernprozesse beschreibt, gilt m. E. gleichermaßen für Lehrende, und möglicherweise besteht gerade darin das, was er „Spezialisierung" nennt, jedoch nicht weiter ausführt, wenn er sagt:

> „Pädagogen sind darauf spezialisiert, aktiv Situationen zu schaffen, in denen Menschen durch persönliche Lernprozesse bedeutsame Kompetenzen hinzu erwerben, ihre Handlungsfähigkeit und Autonomie gewinnen, wiedergewinnen oder erweitern."[228]

Aus meiner Sicht kann der Pädagoge diese Lernprozesse u. a. dann initiieren, wenn er deren Gültigkeit auch für sich selbst anerkennt. Damit steht er, wie die Lernenden auch, vor keiner geringeren Herausforderung als der, Erfahrung und Sprache in einen Zusammenhang zu bringen. Dieser Prozess wird bei S. Reh und C. Schelle als Teil von Professionalisierung gekennzeichnet und wie folgt beschrieben:

> „Professionalisierung des einzelnen Lehrers ist immer auch an sprachliche Prozesse der Konstruktion und Figuration der eigenen beruflichen Geschichte, und des eigenen beruflichen Handelns gebunden."[229] Damit diese Art der Selbstreflexion gelingen kann, bedarf es eines besonderen Fokus, der nach J. Bastian und W. Helsper vor allem zwei „Wissenstypen" umfasst:

> „Neben dem bislang eindeutig dominierenden Fachwissen, dem bisher eher drittrangigen erziehungswissenschaftlichen Theoriewissen und dem sich zumeist unter beruflichen Sozialisations- und Initiationszwängen weitgehend naturwüchsig aufschichtenden methodischen Handlungs- und Erfahrungswissen bedürfen Lehrerinnen und Lehrer eines kasuistischen, reflektiven Fallwissens, das mit Theoriewissen vermittelt ist, sowie eines (…) selbstreflektiven, selbstbezüglichen Wissens."[230]

---

228 K.-O. Bauer 2005, S. 80.
229 Reh/Schelle: „Biografie und Proffessionalität". In: Bastian/Helsper 2000, S. 108.
230 Bastian, J., Helsper, W.: „Professionalisierung im Lehrerberuf – Bilanzierung und Perspektiven". In: Bastian/Helsper et al. 2000, S. 182.

Interessant erscheint, in welcher berufsbiografischen Phase sie diese Aspekte pädagogischer Professionalisierung verorten. Sie sprechen von einer „dritten Lehrerbildungsphase", die von ihnen als eine berufsbegleitende Fort- und Weiterbildung wie z. B. Fallberatung, kollegiale Weiterbildung und Supervision beschrieben wird.[231]

Dieser Lernprozess kann nur erfolgen, wenn der Reflektierende in der Berufspraxis steht, das heißt, ihn konstituiert ein wechselseitiger Erkenntnisprozess von Theorie und Praxis. Die hier vorliegende Arbeit kann demnach als ein möglicher Ausdruck eines derartigen Erkenntnisprozesses verstanden werden.

6.1. Aspekte pädagogischer Professionalität in der Erwachsenenbildung

B. Dewe sagt, dass in der Erwachsenenbildung „an einer Initiierung von Selbstbildungsprozessen gearbeitet" werde.[232] Dabei werden von den Lehrenden alternative Deutungs- und Handlungsmuster angeboten.

„Die Spezifik professionellen Wissens in der Erwachsenenbildung ergibt sich hier aus mindestens zwei Quellen erwachsenenpädagogischer Anforderungen: dem souveränen Umgang mit *Fachwissen*, (...) und dem erst >vor Ort< im Klientenbezug wirksam werdenden Interaktions- und Situationswissen."[233]

Von Seiten der TeilnehmerInnen der SET-Seminare sowie anderer Fortbildungen in der Erwachsenenbildung besteht Freiwilligkeit, was ein anderes professionelles Handeln zur Folge hat als etwa im schulischen Kontext, wo Schulpflicht herrscht. Dies impliziert, dass pädagogisches Handeln in der Erwachsenenbildung eine besondere Form des Lehrens und Begleitens erfordert. G. Bittner und J. v. Scheidt heben in diesem Zusammenhang die Bedeutung der Teilnehmerorientierung hervor,[234] im Gegensatz zur reinen Fachorientierung. Erwachsenenbildung weist demnach neben fachlichen besonders beraterische und ko-

---

231 Vgl. ebd., S. 183.
232 Dewe: „Das Professionswissen von Weiterbildnern: Klientenbezug – Fachbezug". In: Combe/Helsper 1996, S. 715.
233 Ebd., S. 714.
234 Bittner 2001; Scheidt 1998.

operative Merkmale auf. Der Lernende wird in diesem Verständnis in Bezug auf seine lebens- und berufsbiografischen Erfahrungen als gleichwertig und kompetent angesehen.[235]

6.2. Reflexion eigener Professionalität

Am Beispiel der Reflexion meiner Arbeit im Encounter und meiner bisherigen Erfahrungen als SET-Trainerin möchte ich den Prozess einer reflexiven, hermeneutischen Erweiterung des eigenen Wissenshorizontes durch diese Arbeit darlegen.

Ich habe oft erlebt, dass die gruppendynamische Arbeit im Encounter Beziehungen und Gemeinschaftsbildung auf eine besonders starke Art gefördert hat. Ich konnte mir dies erklären durch die halbstrukturierte Methodik, die zum einen Freiräume und Leerstellen für Begegnungen schafft und die andererseits durch Wertschätzung und Offenheit die Beteiligten zu neuen und authentischen Begegnungsformen führen kann. In der Literatur fand ich psychotherapeutische[236] und soziologische[237] Erklärungsmodelle für die Besonderheit der Gestaltung von Beziehungen und Gemeinschaften durch gruppendynamische Settings. Diese Erkenntnisse konnte ich auf meine eigene Berufspraxis beziehen und in Relation zu meinen Erfahrungen setzen. Ich verstand noch genauer, wie sich durch das „interaktionelle Vakuum"[238] und durch die partiell als diffus wahrgenommenen Beziehungen[239] ‚Freiräume' bilden können, die zu intensivierten Bearbeitungen von Beziehungen und sozialen Geflechten in der Gruppe führen. Besonders durch die Abstinenz eines vorgegebenen Themas wird also die Gruppe selber zum Thema und dadurch kann eine Gemeinschaftsbildung der involvierten Personen verstärkt werden.

Mein Verständnis dieser Prozesse wurde erweitert und durch begriffliche Präzisierung besser erklärbar bzw. für mich nachvollziehbarer gemacht. Zusammenfassend kann ich sagen, dass – aufbauend auf meinen praktischen Berufserfahrungen – die theoretische Reflexion dieser Tätigkeit im Sinne eines hermeneutischen Vorgehens mein Wis-

---

235 Vgl. Reimers 1996, S. 17.
236 Röhricht 2000.
237 Antons/Amann et al. 2001.
238 Ebd., S. 61.
239 Vgl. ebd., S. 29.

sen erweitern konnte und so, im Sinne von K.-O. Bauer[240], zu mehr Können im pädagogischen Handeln führen konnte.

In dem Zeitraum der Erstellung dieser Arbeit habe ich einige SET-Gruppen geleitet. Ich konnte feststellen, dass die ‚vertiefenden Denkbewegungen' Einfluss auf meine berufliche Tätigkeit hatten. Besonders im Kommunikationstraining habe ich eine deutliche Entspannung meiner zeitlichen und inhaltlichen Gestaltung festgestellt. Mein Fokus war noch stärker auf die Prozesshaftigkeit von Erkenntnissen gerichtet. Die Übungen und Methoden sollen ja Vehikel für Erfahrungen und Erkenntnisse sein. Deswegen war mir die Vermittlung von Inhalten nur wichtig als Lern- und Reflexionsmöglichkeiten für die TeilnehmerInnen. Ich geriet weniger unter Zeitdruck und konnte viel mehr Zeit für Prozesse der Selbst- und Kleingruppenarbeit sowie Auswertungssequenzen lassen.

Das aus dem dialektischen Prozess der Reflexion meiner beruflichen Tätigkeit gewonnene Wissen konnte mit einfließen und hat meine Wahrnehmung in einigen Bereichen wie Lernformen oder Wirkprinzipien erweitert. Ich hoffe, dadurch die TeilnehmerInnen besser begleiten zu können. In diesem Sinne kann meine eingangs gestellte Frage, ob und wie eine Reflexion der eigenen Berufspraxis hilfreich und sinnvoll für mich bzw. andere pädagogisch Tätige und die weitere Professionalisierung ist, positiv beantwortet werden. Das wechselseitige Aufeinander-Beziehen von Theorie und Praxis fördert die Qualität der beruflichen Tätigkeit. Insofern kann ich mich K.-O. Bauer[241] anschließen, wenn er sagt, dass eine gezielte Verbindung von Wissen und Handeln zu mehr pädagogischem Können führt. Notwendig hierfür sind ihm zufolge Übung, Reflexion und die intensive Auseinandersetzung mit der eigenen täglichen Arbeit.[242] Die wissenschaftliche Auseinandersetzung mit der eigenen Berufstätigkeit kann demnach neue Perspektiven eröffnen und somit für pädagogisch Tätige sinnvoll sein, um ihre berufsbezogenen Erfahrungen zu reflektieren und weiter zu entwickeln. Sie kommt also einer beruflichen Professionalisierung zugute. Ähnlich beschreibt es H. Röhrs, wenn er sagt, dass Erziehungswissenschaft eine Reflexionsinstanz der pädagogischen Praxis, hier der Erwachsenenbildung, sei. Das Ziel der Erziehungswissenschaft ist nach ihm die zur Selbsteinsicht ihres Tuns geführte Praxis und nicht die Lei-

---

240 K.-O. Bauer 1999.
241 Ebd.
242 Vgl. K.-O. Bauer 2005, S. 9.

tung durch Anweisungen, Gebote und Normen.[243] In diesem Sinne stellt die vorliegende Arbeit einen Versuch dar, durch eine intensive Auseinandersetzung mit dem Thema (SET) und eigenen Erfahrungen in dieser Tätigkeit eine erweiterte Einsicht zu bekommen – ein Klärungsprozess, der die Biografie, Lebenserfahrung, eigene Wertvorstellungen und berufliche Erfahrungen einbezieht.

Es geht in diesem Sinne um integriertes, authentisches, weil reflektiertes Wissen, weder um wiederholbare Erziehungsmuster noch um die Manifestation von Stereotypen.

Die erwachsenenpädagogische Praxis kann nach B. Dewe[244] durch analytische und reflexive Nachbearbeitung zu mehr Professionalität im Handeln führen. Hierzu empfiehlt er, in Anschluss an F. Herbart, den „pädagogischen Takt", „eine schnelle Beurteilung und Entscheidung"[245] als Mittelglied zwischen Theorie und Praxis. Nach B. Dewe ist erwachsenenpädagogischer Takt eine „relationierende Instanz" nicht nur zwischen Theorie und Praxis, sondern auch zwischen dem

> „Gestaltungswillen des Pädagogen und der Spontanität der Adressaten. (...) Unter pädagogischem Takt kann man des weiteren die professionelle Fähigkeit verstehen, zwischen Nähe und Distanz – und das heißt hier, zwischen Klienten- und Fachbezug – im erwachsenenpädagogischen Handeln situations- und personengerecht ‚gratzuwandern'. (...) Zum pädagogischen Takt gehört insbesondere der glaubwürdige und selbstreflexive Umgang mit der >eigenen Identität<, mit der je eigenen Wertvorstellung und persönlichen Erfahrung, auch mit den Grenzen der Belastbarkeit, der Unzulänglichkeit, der Ohnmacht und dem (potentiellen) Scheitern."[246]

Die hier vorgenommene Reflexion ist für mich ein dialektischer Prozess (gewesen), der eigene Erfahrungen, Wertvorstellungen und Handlungsroutinen durch theoretische Nachbereitung transparenter werden ließ und so für zukünftige pädagogische Situationen sicher von Nutzen sein kann.

In der Auseinandersetzung mit meiner vorliegenden Arbeit und der Reflexion meiner Erfahrungen im SET erfolgte ein umfangreiches Studium der Fachliteratur, wobei mir eine Vielzahl an sinnvollen und verdeutlichenden Begriffen sowie sachdienliche theoretische Bezüge

---

243 Röhrs 1993, S. 28 ff.
244 Dewe: „Das Professionswissen von Weiterbildnern: Klientenbezug – Fachbezug". In: Combe/Helsper 1996.
245 Herbart 1964 zit. n. ebd., S. 737.
246 Ebd., S. 738.

begegnet sind, die mir nun sowohl in meiner Arbeit mit Menschen als auch zum Erklären von theoretischen Inhalten und Zusammenhängen hilfreich sein werden. Was ich durch die vorbereitenden Recherchen und die fortwährende gedankliche Auseinandersetzung gewiss schon erweitert habe, ist mein Wissen über einige Zusammenhänge des SET sowohl mit pädagogischen Strömungen wie der Humanistischen Pädagogik oder der Gestalt-Pädagogik als auch der Psychologie, Philosophie und Anthropologie.

Gleichzeitig hat mir die Fülle an vorhandenem Fachwissen, an pädagogischem und psychologischem Erfahrungswissen, an Erkenntnissen und Diskussionen, die in der Fachliteratur anzutreffen sind, meine persönliche Begrenztheit wiederholt deutlich vor Augen geführt. Der Facettenreichtum und die Komplexität pädagogischer Kontexte lehrt mich Bescheidenheit; Bescheidenheit sowohl gegenüber meinen Ansprüchen an mich als auch gegenüber meinen Ansprüchen an die Entwicklung der TeilnehmerInnen, an Machbarkeitsansprüche allgemein.

7. Fazit und Auswirkungen auf die Pädagogik

Ein Anliegen meiner Arbeit war die Untersuchung eines Angebots der Erwachsenenbildung, inwieweit es tatsächlich – wie in der Überschrift dieser Arbeit angenommen – helfen kann, persönliche Potenziale zu fördern oder freizusetzen.

Wenn man, wie eingangs geschehen, fragt, inwieweit ein Bildungsangebot für Erwachsene wirksam ist und inwieweit es in der heutigen Zeit Relevanz besitzt, so kann man es auf seine Besonderheiten oder auf wichtige Merkmalseigenschaften hin untersuchen. Besonderheiten des SET, die ich versucht habe herauszuarbeiten, sind m. E. das Zusammenspiel von kognitiven, emotionalen und körperlichen Herangehensweisen, die in ein Wechselverhältnis zu biografischen und sozialen Aspekten gesetzt werden.

Eine Besonderheit, die das SET von vielen anderen Angeboten der Erwachsenenbildung unterscheidet, sehe ich in der Integration des Körpers in das Bildungsgeschehen bzw. in dem Versuch, eine Verbindung von Geist, Gefühl und Körper in die Arbeit einzubeziehen. Der Körper scheint in vielen pädagogischen Diskursen in Vergessenheit geraten zu sein,[247] sowohl in seiner Bedeutung als Kommunikationsmedium – durch Sprache, Mimik und Gestik – als auch in seiner Bedeutung als Medium zur Vermittlung von Wissen, z. B. über Gesten und Haltung, sowie als Träger und Vermittler von Wissen, gespeichert in einer Art Körpergedächtnis und kondensiert in Körperstrukturen. Wenn man davon ausgeht, dass der Mensch nicht nur einen Körper hat, sondern dass der Körper Teil des Menschen ist, wird die Relevanz von Körperarbeit und dem Körper als Lern- und Erkenntnisfeld deutlich.

U. Völker schreibt zu diesem Thema:

„Jeglicher Ansatz zur Wiederherstellung der psychophysischen Gesundheit und zur Förderung der Lebensenergie wird daher die körperliche Seite in seine Bemühungen miteinbeziehen müssen, wenn er auf Dauer wirkungsvoll sein will."[248]

---

247 T. Alkemeyer sagt, dass der Körper am Lernen immer beteiligt ist. „Jedoch lernen wir weder ‚aus der Mitte des Leibes' heraus, wie es phänomenologische Sichtweisen nahe legen, noch bloß *mit* dem Körper, sondern *als* Körper, genauer als agierende Körper." Alkemeyer 2006, S. 121.
248 Völker 1980, S. 223.

Die aufgezeigten Merkmalseigenschaften (Wirkprinzipien) des SET wurden in einigen Trainingseinheiten – Encounter, Kommunikationstraining, Körperarbeit – schwerpunktmäßig verortet, um deren konkrete Umsetzung zu verdeutlichen.

Dadurch sollte auch eine Antwort auf die Frage gefunden werden, wie persönliche Potenziale in der Erwachsenenbildung gefördert werden können.

Des Weiteren wurden beispielhaft einige Kompetenzen der Lehrerpersönlichkeit erarbeitet, die ich für das SET – und für meinen Anteil darin – als bedeutsam erachte.

Durch dieses analysierend-reflexive Vorgehen sollte eine Verbindung hergestellt werden zwischen meiner Berufspraxis, den darin gewonnenen Erfahrungen und einem möglichen Bezugsrahmen von übergeordneten Wirkprinzipien. Eine berufsbezogene Selbstreflexion also, die versucht, das Spannungsverhältnis zwischen der Person (TrainerIn) und der Sache (SET) zu bearbeiten.

Dies war das zweite und zentrale Anliegen der vorliegenden Arbeit: die eigene berufliche Tätigkeit und die eigenen beruflichen Erfahrungen zu reflektieren.

Zur Relevanz der beruflichen Selbstreflexion schreibt J. Reder: Eine „kontinuierliche Reflexion des Erziehungsgeschehens ist Aufgabe der Pädagogik"[249]. In diesem Sinne reflektiert die vorliegende Arbeit das „Erziehungsgeschehen" bzw. das Trainingsgeschehen im Rahmen des SET und zwar auf die gleiche Weise, wie im SET die TeilnehmerInnen angeleitet werden, sich selbst zu reflektieren: kritisch, authentisch und ressourcenorientiert. So wird der Lehrende zum Lernenden. Dies wiederum macht ihn nicht nur glaubwürdiger, sondern er kann ferner aus eigener, frisch erlebter Erfahrung sprechen; er bietet den Lernenden quasi die Möglichkeit, mimetisch zu lernen.[250]

Wie in Kapitel 6 erörtert, ist ein Zugang zur Professionalisierung der einzelnen LehrersInnen oder Pädagogen in der Integration der individuellen Berufsbiografie in das eigene berufliche Handeln durch kontinuierliche Prozesse der (Re-)Konstruktion zu sehen. In diesem Verständnis hat die theoretische Reflexion der eigenen Tätigkeit eine essenzielle Bedeutung für die berufliche Entwicklung im Sinne einer pädagogischen Professionalisierung.

---

249 Reder 2004, S. 214.
250 Vgl.: „Mimetische Grundlagen kulturellen Lernens". In: Wulf 2004, S. 156 ff.

Ein Charakteristikum von pädagogischen Situationen ist eine hohe Dichte an Begegnungen, Kommunikation und sozialer Interaktion. Auf Grund der komplexen Anforderungen vollzieht sich ‚trainerisches' Handeln in pädagogischen Situationen immer auch emotional, intuitiv und teilweise auch irrational. Es ist gebunden an Gegebenheiten, die komplex sind, affektiv geladen und flüchtig. In der Vielschichtigkeit dieser Situationen kann deshalb im Moment des Handelns vieles nicht gesehen, bedacht und berücksichtigt werden.

Auch in Reflexionsprozessen, die solche Situationen nachbereiten und die eigene Tätigkeit hinterfragen, können nur einige Aspekte beleuchtet werden, andere werden aus Gründen der Stofffülle nicht diskutiert und einige werden übersehen. Die Distanzierung von einer vertrauten Tätigkeit ist m. E. nur begrenzt möglich. Der Versuch, sich selber mit einem analytisch geschärften Blick über die Schulter zu schauen, impliziert die beschriebenen Grenzen und Potenziale.

Es ist also sowohl die Tätigkeit von Selbsteffektivitätsprozessen als auch die Reflexion des eigenen professionellen Handelns komplex. Gerade wegen der Komplexität erscheint es mir sinnvoll und lohnend, den schwierigen Versuch einer Analyse gewagt zu haben. So konnten die in der Berufspraxis erworbenen impliziten Wissensbestände, das „Dunkel des gelebten Augenblicks"[251], durch eine gedankliche Nachbereitung ein wenig erhellt werden. Die nachträgliche Versprachlichung von Handlungen und Abläufen in flüchtigen Situationen der Tätigkeit wurde in Teilen nachbereitet und dient so als Vorbereitung und Grundlage für die weitere Arbeit. Durch diese Auseinandersetzung wurden die Perspektiven vielseitiger, die Wahrnehmung vertieft und das Ausdrucksvermögen erweitert.

Eine abschließende These kann wie folgt zusammengefasst werden: Eine wie hier vorgenommene Form der reflexiven Bearbeitung erhöht die Professionalität der Lehrenden substanziell, steigert ihr Profil, ihre Kongruenz und Tiefenstruktur und verspricht zukünftigen TeilnehmerInnen ein Mehr an Qualität.

So zeigt die Arbeit exemplarisch auf, dass eine Fortbildung, die den Menschen als kognitive, emotionale und körperliche Einheit betrachtet

---

251 Bloch 1985, S. 343-368.

und würdigt und die obendrein mit einer kritischen berufsbezogenen Selbstreflexion einhergeht, auf Seiten der Lehrenden die Erfahrung von Selbstwirksamkeit zu erhöhen vermag und in Folge die Lebensqualität und persönliche Zufriedenheit auf Seiten der TrainerInnen und der TeilnehmerInnen steigern kann.

Literaturverzeichnis

Alkemeyer, T.: „Bewegen als Kulturtechnik". Erschienen in: Neue Sammlung. Vierteljahres-Zeitschrift für Erziehung und Gesellschaft. 43. Jg., H. 3. 2003. S. 331-347.

Alkemeyer, T.: „Lernen und seine Körper". In: Friebertshäuser, B.: Reflexive Erziehungswissenschaft. Forschungsperspektiven im Anschluss an Pierre Bourdieu. VS Verlag für Sozialwissenschaften. Wiesbaden, 2006. S. 119-141.

Alkemeyer, T./Brümmer, K./Kodalle, R./Pille, T. (Hrsg.): "Einleitung: Zur Emergenz von Ordnungen in sozialen Praktiken". In: Alkemeyer, T./Brümmer, K./Kodalle, R./Pille, T.: (Hrsg.): Ordnung in Bewegung. Choreographien des Sozialen. Körper in Sport, Tanz, Arbeit und Bildung. Transcript. Bielefeld, 2009. S. 7-20.

Alheit, P./Hoerning, E. M. (Hrsg.): Biografisches Wissen. Beiträge zu einer Theorie lebensgeschichtlicher Erfahrung. Campus. Frankfurt, New York, 1998.

Althans, B./Wulf C. et al.: FU Arbeitsbereich Anthropologie und Erziehung, Sonderforschungsbereich 447, B 5 Projekt: Kultur des Performativen. Pädagogische Gesten in Schule, Familie, Jugendkultur und Medien. Freie Universität Berlin, 1999-2007.

Althans, B.: Das maskierte Begehren. Frauen zwischen Sozialarbeit und Management. Campus. Frankfurt, New York, 2007.

Althans, B./Hahn, D./Schinkel, S.: "Szenen des Lernens". In: Alkemeyer, T./Brümmer, K./Kodalle, R./Pille, T. (Hrsg.): Ordnung in Bewegung. Choreographien des Sozialen. Körper in Sport, Tanz, Arbeit und Bildung. Transcript. Bielefeld. 2009. S141-160.

Amann, A.: „Gruppendynamik als reflexive Vergemeinschaftung". In: Antons, K./Amann, A./Clausen, G./König, O./Schattenhofer, K.: Gruppenprozesse verstehen. Gruppendynamische Forschung und Praxis. Leske & Budrich. Opladen, 2001. S. 28-39.

Amann, A.: „‚Ja, es ist Trainingsgruppe' – Sequenzanalyse des Beginns einer Trainings-Gruppe der Gruppe ‚Alf". In: Antons, K., Amann, A., Clausen, G., König, O., Schattenhofer, K.: Gruppenprozesse verstehen. Gruppendynamische Forschung und Praxis. Leske & Budrich. Opladen, 2001. S. 51-114.

Antons, K./Amann, A./Clausen, G./König, O./Schattenhofer, K.: Gruppenprozesse verstehen. Gruppendynamische Forschung und Praxis. Leske & Budrich. Opladen, 2001.

Antonowsky, A.: Salutogenese. Zur Entmystifizierung von Gesundheit. Dgvt-Verlag. Tübingen, 1997.

Aurer, H. R.: „Ästhetische Bildung". In: Buddrus, V. (Hrsg.): Humanistische Pädagogik. Eine Einführung in Ansätze integrativen und personenzentrierten Lehrens und Lernens. Julius Klinkhardt. Bad Heilbrunn, 1995. S. 59-76.

Bandura, A.: Self-Efficacy. The Experience of Control. W. H. Freeman. New York, 1997.

Bastian, J./Helsper, W./Reh, S./Schelle, C.: Professionalisierung im Lehrerberuf. Von der Kritik der Lehrerrolle zur pädagogischen Professionalität. Leske & Budrich. Opladen, 2000.

Bastian, J./Helsper, W.: „Professionalisierung im Lehrerberuf – Bilanzierung und Perspektiven". In: Bastian, J., Helsper, W., Reh, S., Schelle, C.: Professionalisierung im Lehrerberuf. Von der Kritik der Lehrerrolle zur pädagogischen Professionalität. Leske & Budrich. Opladen, 2000. S. 167-194.

Bauer, J.: Das Gedächtnis des Körpers. Wie Beziehungen und Lebensstile unsere Gene steuern. Piper Taschenbuch. München, 2004.

Bauer, J.: Prinzip Menschlichkeit: Warum wir von Natur aus kooperieren. Hoffmann und Campe. Hamburg, 2007.

Bauer, K.-O./Kopka, A./Brindt, S.: Pädagogische Professionalität und Lehrerarbeit. Eine qualitativ empirische Studie über professionelles Handeln und Bewußtsein. Juventa. Weinheim und München, 1999.

Bauer, K.-O.: Pädagogische Basiskompetenzen. Theorie und Training. Juventa. Weinheim und München, 2005.

Beck, U.: Risikogesellschaft. Auf dem Weg in eine andere Moderne. Suhrkamp. Frankfurt a.M., 1986.

Beck, U./Beck-Gernsheim, E.: „Nicht Autonomie, sondern Bastelbiografie. Anmerkungen zur Individualisierungsdiskussion am Beispiel des Aufsatzes von Günter Burkart". In: Zeitschrift für Soziologie (22). 1993. S. 178-187.

Bittner, G.: Der Erwachsene. Multiples Ich in multipler Welt. Kohlhammer. Stuttgart, Berlin, Köln, 2001.

Bloch, E.: Das Prinzip Hoffnung. Suhrkamp. Frankfurt a.M., 1985.

Böhm, W.: Theorie und Praxis. Könighausen und Neumann. Würzburg, 1995.

Böhm, W.: Entwürfe einer Pädagogik der Person. Gesammelte Aufsätze. Klinkhardt. Bad Heilbrunn, 1997.

Brauer, I.: „Einführung". In: Strohschein, B., Jarzombek, D., Weigle, P.: Die weiße Karawane. Books on Demand. Hamburg, 2003. S. 19-24.

Brödel, R. (Hrsg.): Lebenslanges Lernen – lebensbegleitende Bildung. Luchterhand. Neuwied, 1998.

Brödel, R.: „Lebenslanges Lernen im Spannungsfeld von Bildungsgeschichte, Politik und Erziehungswissenschaft". In: Kade, D./Nittel, J./Seitter, W.: Einführung in die Erwachsenenbildung/Weiterbildung. Kohlhammer. Stuttgart, 2003. S. 115-139

Buddrus, V. (Hrsg.): Humanistische Pädagogik. Eine Einführung in Ansätze integrativen und personenzentrierten Lehrens und Lernens. Julius Klinkhardt. Bad Heilbrunn, 1995.

Buddrus, V., Pallasch, W.: „Annäherung an Integrative Pädagogik". In: Buddrus, V. (Hrsg.): Humanistische Pädagogik. Eine Einführung in Ansätze integrativen und personenzentrierten Lehrens und Lernens. Julius Klinkhardt. Bad Heilbrunn, 1995. S. 15-25.

Bulling, H.: Supervisionskonzepte für die Arbeit mit LehrerInnen. Konzeptentwicklung auf dem Hintergrund der körperorientierten humanistischen Psychologie. Edition Soziothek. Bern, 2001.

Cohn, R.: Von der Psychoanalyse zur themenzentrierten Interaktion. Von der Behandlung einzelner zu einer Pädagogik für alle. Klett-Cotta. Stuttgart (1975) 1997.

Combe, A./Helsper, W.: Pädagogische Professionalität: Untersuchungen zum Typus pädagogischen Handelns. Suhrkamp Taschenbuch. Frankfurt a.M., 1996.

Dewe, B.: „Das Professionswissen von Weiterbildnern: Klientenbezug – Fachbezug". In: Combe, A., Helsper, W.: Pädagogische Professionalität: Untersuchungen zum Typus pädagogischen Handelns. Suhrkamp Taschenbuch. Frankfurt a.M., 1996. S. 714-757.

Fengler, J.: Feedback geben. Strategien und Übungen. Beltz. Weinheim, Basel, 1998.

Fischer, K./Kemmann-Huber, E.: Der bewusste zugelassene Atem. Theorie und Praxis der Atemlehre. Urban & Fischer. München, Jena, 1999.

Gebauer, G.: „Bewegung". In: Wulf, C. (Hrsg.): Vom Menschen. Handbuch Historische Anthropologie. Weinheim, Basel, 1997. S. 501-515.

Gebauer, G./Wulf, C.: Ritual - Spiel - Geste. Mimetisches Handeln in der sozialen Welt. Reinbek, 1998.

Giesecke, H.: Pädagogik als Beruf: Grundformen pädagogischen Handelns. Juventa. Weinheim und München, 1987.

Giesecke, H.: Die pädagogische Beziehung. Pädagogische Professionalität und die Emanzipation des Kindes. Juventa. Weinheim und München, 1997.

Gieseke, W.: „Der Habitus von Erwachsenenbildern: Pädagogische Professionalität oder plurale Beliebigkeit?" In: Combe, A./Helsper, W.: Pädagogische Professionalität: Untersuchungen zum Typus pädagogischen Handelns. Suhrkamp Taschenbuch. Frankfurt a.M., 1996. S. 678-713.

Grawe, K.: Psychologische Therapie. Hogrefe. Göttingen, Bern, Toronto, Seattle, 1998.

Heitger, M.: Vom Verlust des Subjekts in Wissenschaft und Bildung der Gegenwart. Aschendorff. Münster, 1987.

Herbart, J. F..: „Zwei Vorlesungen über Pädagogik". In: Dewe, B.: „Das Professionswissen von Weiterbildnern: Klientenbezug – Fachbezug". In: Combe, A./Helsper, W.: Pädagogische Professionalität: Untersuchungen zum Typus pädagogischen Handelns. Suhrkamp Taschenbuch. Frankfurt a.M., 1996. S. 714-757.

Herrmann, U.: Wie lernen Lehrer ihren Beruf? Empirische Befunde und praktische Vorschläge. Beltz. Weinheim und Basel, 2002.

Hoerning, E. M.: „Erfahrungen als biographische Ressource". In: Alheit, P./Hoerning, E. M. (Hrsg.): Biografisches Wissen. Beiträge zu einer Theorie lebensgeschichtlicher Erfahrung. Campus. Frankfurt, New York, 1989. S. 148-163.

Hoerning, E. M. u. a.: Biographieforschung und Erwachsenenbildung. Klinkhardt. Bad Heilbrunn, 1991.

Jarzombek, D.: „Spiritualität". In: Strohschein, B., Jarzombek, D., Weigle, P.: Die weiße Karawane. Books on Demand. Hamburg, 2003. S. 47-57.

Jarzombek, D.: „Ein Leben im Gespräch". Im Gespräch mit B. Strohschein. In: Weigle, P., Strohschein, B.: Morgenlandwege. Pelz. Freiburg, 2006. S. 25-54.

Kade, J./Nittel, D./Seitter, W.: Einführung in die Erwachsenenbildung/Weiterbildung. Kohlhammer. Stuttgart, 1999.

Kamper, D.: „Körper". In: Wulf, C. (Hrsg.): Vom Menschen. Handbuch historischer Anthropologie. Beltz. Weinheim, Basel, 1997. S. 407-416.

König, O.: „Reflexion und Handeln". In: Antons, K./Amann, A./Clausen, G./König, O./Schattenhofer, K.: Gruppenprozesse verstehen. Gruppendynamische Forschung und Praxis. Leske & Budrich. Opladen, 2001. S. 203-275.

Krämer, H.: „Selbstverwirklichung". In: Bien, G. (Hrsg.): Die Frage nach dem Glück. Frommann-Holzboog. Stuttgart, Bad Cannstatt, 1978. S. 21-43.

Krücken, G.: „Wissensgesellschaft". Wissenschaft, Technik und Bildung. In: Volkmann/U., Schimank, U. (Hrsg.): Soziologische Gegenwartsdiagnosen II. Vergleichende Sekundäranalysen. Leske & Budrich. Opladen, 2002. S. 69-86.

Loch, W.: „Für Lehrer erforderliche Fähigkeiten". In: Loch, W./Muth, J.: Lehrer und Schüler – alte und neue Aufgaben. Neue deutsche Schule. Essen, 1990.

Locke, J.: An Essay Concerning Human Understanding. Book II. Thomas Tegg for Cheapside. London, (1690) 1841.

Lowen, A.: Bioenergetik als Körpertherapie. Scherz. Bern, München, Wien, 1990.

Lowen, A.: Die Spiritualität des Körpers. Innere Harmonie durch Bioenergetik. Heyne. München, 1991.

Luca, R., Winschermann, M.: „Gestaltpädagogik – Die Wiederentdeckung des Nicht-Machbaren". In: Buddrus, V. (Hrsg.): Humanistische Pädagogik. Eine Einführung in Ansätze integrativen und personenzentrierten Lehrens und Lernens. Julius Klinkhardt. Bad Heilbrunn, 1995. S. 101-116.

Maurer, Y.: Körperzentrierte Psychotherapie. Ganzheitlich orientierte Behandlungskonzepte und Therapiebeispiele. Hippokrates. Stuttgart, 1993.

Mehling, W.-E.: Atemtherapie. Der gegenwärtige Stand der Atemtherapie in Deutschland, ihre Stellung zur Medizin und ihre Anwendung bei Rückenschmerzen. Eine Befragungsstudie an sämtliche Atemtherapeuten Deutschlands. Shaker. Aachen, 1999.

Meyer, H.: Was ist guter Unterricht? Cornelsen. Berlin, 2004.

Middendorf, I.: Der erfahrbare Atem. Eine Atemlehre. Jungfermann. Paderborn, 1984.

Neubert, H.: Jenseits didaktischer Funktionalität. Ausgewählte Aufsätze zur Unterrichtswissenschaft, Didaktik und Erwachsenenbildung. Schäuble. Rheinfelden, Berlin, 1995.

Neubert, H.: Die Dramaturgie reflexiven Lernens und die Themenzentrierte Interaktion. Schäuble. Rheinfelden, 2000.

Neubert, H.: „Lehrkompetenzen, Dramaturgie und Unterrichtsentwicklung". In: Gschwend, R., Claude, A.: Unterrichtsentwicklung. Zum Stand der Diskussion. EDK. Bern, 2004. S. 43-63.

Pallasch, W.: „Personenzentrierte Gesprächsführung". In: Buddrus, V. (Hrsg.): Humanistische Pädagogik. Eine Einführung in Ansätze integrativen und personenzentrierten Lehrens und Lernens. Julius Klinkhardt. Bad Heilbrunn, 1995. S. 153-172.

Petzold, H.: Die neuen Körpertherapien. Jungfermann. Paderborn, 1977.

Prange, K.: Die Zeigestruktur der Erziehung. Grundriss der Operativen Pädagogik. Schöningh. Paderborn, 2005.

Prange, K./Strobel-Eisele, G.: Die Formen des pädagogischen Handelns. Eine Einführung. W. Kohlhammer. Stuttgart, 2006.

Prengel, A. (Hrsg.): Gestaltpädagogik: Therapie, Politik und Selbsterkenntnis in der Schule. Beltz. Weinheim und Basel, 1983.

Reder, J.: Bildung als Selbstverwirklichung. Zur Rehabilitation eines postmodernen Bildungsbegriffs. Ergon. Würzburg, 2004.

Reh, S./Schelle, C.: „Biografie und Professionalität. Die Reflexivität berufsbiografischer Erzählungen". In: Bastian, J./Helsper, W./Reh, S./Schelle, C.: Professionalisierung im Lehrerberuf. Von der Kritik der Lehrerrolle zur pädagogischen Professionalität. Leske & Budrich. Opladen, 2000. S. 107-124.

Reich, W.: Charakteranalyse. Fischer. Frankfurt a. M., (1933) 1973.

Reimers, H./Pallasch, W./Mutzeck, W. (Hrsg.): Beratung, Training, Supervision. Eine Bestandsaufnahme über Konzepte zum Erwerb von Handlungskompetenz in pädagogischen Arbeitsfeldern. Juventa. Weinheim und München, 1996.

Röhricht, F.: Körperorientierte Psychotherapie psychischer Störungen. Hogrefe. Göttingen, Bern, Toronto, Seattle, 2000.

Röhrs, H.: Allgemeine Erziehungswissenschaft. Eine Einführung in die erziehungswissenschaftlichen Aufgaben und Methoden. Deutsche Studien Verlag. Weinheim, 1993.

Rogers, C.: Encounter Gruppen. Das Erlebnis der menschlichen Begegnung. Kindler. München, 1974.

Rogers, C.: Die Kraft des Guten. Ein Appell zur Selbstverwirklichung. Kindler. München, 1978.

Satir, V.: Kommunikation, Selbstwert, Kongruenz. Konzepte und Perspektiven familientherapeutischer Praxis. Jungfermann. Paderborn, 1990.

Schattenhofer, K.: „Gruppendynamik als Ausdruck manifester und latenter Prozesse". In: Antons/K., Amann/A., Clausen, G./König, O./Schattenhofer, K.: Gruppenprozesse verstehen. Gruppendynamische Forschung und Praxis. Leske & Budrich. Opladen, 2001. S. 39-44.

Schattenhofer, K.: „Gruppendynamik als Steuerung und Gegensteuerung". In: Antons, K./Amann, A./Clausen, G./König, O./Schattenhofer, K.: Gruppenprozesse verstehen. Gruppendynamische Forschung und Praxis. Leske & Budrich. Opladen, 2001. S. 45-50.

Scheidt, J. v.: Beiträge zur Theorie und Praxis einer personenzentrierten Didaktik. Ein Modell zur Strukturierung personenzentrierter Lernprozesse. Klinkhardt. Bad Heilbrunn, 1998.

Schemmel, H./Schaller, J.: Ressourcen. Ein Hand- und Lesebuch zur therapeutischen Arbeit. Dgvt-Verlag. Tübingen, 2003.

Schulz von Thun, F.: Miteinander reden 1. Störungen und Klärungen. Allgemeine Psychologie der Kommunikation. Rowohlt. Reinbek bei Hamburg, 1977.

Schulze, T.: „Pädagogische Dimensionen der Biographieforschung". In: Hoerning, E. M. u. a .: Biographieforschung und Erwachsenenbildung. Klinkhardt. Bad Heilbrunn, 1991. S. 135-181.

Strohschein, B.: „Gesellschaft und Spiritualität in Zeiten der Krise". S. 27-42. Und: „Homo sapiens – Homo socialis". S. 125-128. In: Strohschein, B./Jarzombek, D./Weigle, P.: Die weiße Karawane. Books on Demand. Hamburg, 2003.

Strohschein, B./Jarzombek, D./Weigle, P.: Die weiße Karawane. Books on Demand. Hamburg, 2003.

Storch, M., Krause, F.: Selbstmanagement – ressourcenorientiert. Grundlagen und Trainingsmanual für die Arbeit mit dem Züricher Ressourcen Modell (ZRM). Huber. Bern, 2005.

Stüttgen, A.: Das Dilemma der Erziehungswissenschaft – Verwissenschaftlichung und Praxisverlust. Ratingen und Kastellaun, 1975.

Thiel, H.-U.: Fortbildung von Leitungskräften in pädagogisch-sozialen Berufen. Ein integratives Modell für Weiterbildung, Supervision und Organisationsentwicklung. Juventa. Weinheim, 1994.

Titzck, M.: „Therapie und Training". In: Strohschein, B./Jarzombek, D./Weigle, P.: Die weiße Karawane. Books on Demand. Hamburg, 2003. S.109-121.

Völker, U. (Hrsg.): Humanistische Psychologie. Ansätze einer lebensnahen Wissenschaft vom Menschen. Weinheim, 1980.

Volkmann, U./Schimank, U. (Hrsg.): Soziologische Gegenwartsdiagnosen II. Vergleichende Sekundäranalysen. Leske & Budrich. Opladen, 2002.

Watzlawik, P., Beavin, J. H., Jackson, D. D.: Menschliche Kommunikation. Formen, Störungen, Paradoxien. Huber. Bern, Göttingen, Toronto, Seattle, (1969) 2000.

Weigle, P.: „Transpersonale Psychologie". In: Weigle, P./Strohschein, B.: Morgenlandwege. Pelz. Freiburg, 2006. S. 232-240.

Weniger, E.: „Theorie und Praxis in der Erziehungswissenschaft". 1929. In: de Haan (Hrsg.): Hermeneutik und geisteswissenschaftliche Pädagogik. Ein Studienbuch. Frankfurt a.M., 2002. S. 155-171.

Wilber, K.: Wege zum Selbst. Östliche und westliche Ansätze zu persönlichem Wachstum. Kösel. München, 1984.

Wulf, C.: Anthropologie. Geschichte, Kultur, Philosophie. Rowohlt. Reinbek bei Hamburg, 2004.

Wulf, C.: "Rituelle Lernkulturen. Eine Einführung". In: Wulf, C./Althans, B./ Blaschke, G./Ferrin, N./Göhlich, M./Jörissen, B./Mattig, R./Nentwig-Gese- mann, I./Schinkel, S./Tervooren, A./Wagner-Willi, M./Zirfas, J.: Lernkultu- ren im Umbruch. Rituelle Praktiken in Schule, Medien, Familie und Jugend. Verlag für Sozialwissenschaften. Wiesbaden, 2007. S. 7-20.

Zundel, E. und R.: Leitfiguren der neuen Psychotherapie. Leben und Werk. Kösel. München, 1991.

Danksagung

Dass dieses Buch vorliegt, ist die Frucht eines langen Weges, auf dem mich viele Menschen begleitet haben.

An erster Stelle danke ich meinen Eltern Astrid Krämer und Klaus Krämer, die mich gelehrt haben zu lieben, zu denken und zu fragen, die mir durch ihre Interessen und durch ihre Freunde und Lehrer eine bunte, vielschichtige Welt eröffnet haben.

Meinen beiden Professoren, Prof. Dr. Hansjörg Neubert und Prof. Dr. Birgit Althans, die mir diese Arbeit ermöglicht haben, gebührt mein allerherzlichster Dank.

Ich danke meiner ganzen großen wunderbaren Familie, den Roznowskis, den Krämers, den Küblers, den Matzats, den Grunzkes, den Schwarzes und Dido Behrens.

Besonders danke ich meinem Mann Bartosz. Er hat mir den Raum gegeben, den ich für diese Arbeit brauchte, unsere Kinder geschnuckelt und mich geduldig und liebevoll begleitet. Außerdem danke ich meinen beiden Töchtern Marie und Louisa dafür, dass sie da sind.

Bei der Verfassung des vorliegenden Buches haben mich viele Menschen unterstützt, beim Denken, Strukturieren und Formulieren und mir ihre Kompetenz und ihre Zeit geschenkt.

Mein Dank gilt:

Meiner Kommilitonin und Freundin Juliane Lamprecht für die vielen Anregungen, Carola Stender für die Klarheit, meinem Bruder Jörn Krämer, der mir immer wieder half, meine Gedanken zu sortieren, Peter Weigle für die hochwertige Unterstützung, Martin Titzck für die Anregungen und das Ermutigen, Dr. Barbara Strohschein für die Strukturarbeit, Anna Carnap für die inhaltliche Denkhilfe.

Das endgültige Lektorat, die Formatierung (immer mehr Arbeit, als gedacht und geplant) verdanke ich Christl Burkhart. Vielen Dank für die professionelle Unterstützung.

Ich danke allen Menschen von Calumed e.V., dem gesamten SET-Team und allen SET-TeilnehmerInnen, die ich begleiten durfte.

Besonderer Dank gilt Dieter Jarzombek, meinem Lehrer und Ausbilder, der mir immer mehr zutraut als ich selber. Vielen Dank!